# Roberto Orellana
Salmista

Fue en Chile cuando lo escuché en persona por primera vez, y en Chile obtuve también mi primer disco de él. Siempre supe que era especial y con una voz diferente y ungida. Eran las canciones de Danny Berríos las que bañaban de alabanzas las iglesias, y nunca pensé que a principio de los 90' estaría recorriendo las calles de Miami junto a este ser humano de corazón tan humilde.

Siempre doy gracias a Dios porque nos une más que una amistad cristiana; nos une un llamado y una pasión por las almas. Hoy en día Danny Berríos sigue siendo el mismo, con la misma pasión que lo caracteriza de darle lo mejor a Jesús.

Danny es un padre y esposo ejemplar. Mi esposa Waleska y mis hijos lo amamos y respetamos por su entrega íntegra a la obra de Dios.

Sé que este libro les será de mucha inspiración a las próximas generaciones, como lo es para mí su amistad. Éxitos con esta obra literaria, Danny o, mejor dicho, Daniel, como te llamamos tus amigos.

# René González
Salmista

Hace aproximadamente 27 años Dios me concedió el honor de conocer personalmente a Danny Berríos, después de una larga espera. Yo siempre estaba a la expectativa, esperando la nueva propuesta que ofrecía en cada unas de sus producciones musicales. Danny no fallaba, ni falla hoy a la hora de seleccionar los temas que realmente el público debe escuchar, sobre todo aquellos temas que le dan honra y gloria a nuestro Dios.

Danny siempre ha sido un referente en mi vida. Dios me a dado el honor de ministrar juntos y ser testigo de su genuino compromiso por entregar lo mejor para Dios y su pueblo.

Creo firmemente que Danny tiene la experiencia de vida, el testimonio intachable y, sobre todo, la autoridad otorgada por Dios para hablarnos al corazón.

# DANNY BERRÍOS

## El *Rey* *me* mandó a llamar

**El Rey *me* mandó a llamar**

Publicado por:
**Christian Editing Publishing House**
Miami, Florida
*ChristianEditing.com*

Edición de textos: Noel Navas
Cubierta y diseño interior: Jannio Monge

ISBN 978-0-9980394-6-6

Categoría: Biografía.

Impreso en Colombia

# PRÓLOGO
## Por Luis A. Díaz-Pabón

Recuerdo cuando nos hospedamos en el mismo hotel, junto a un grupo de otros predicadores y cantantes. Las campañas se celebrarían en distintas ciudades de Costa Rica. Me sentí feliz al enterarme de que Danny Berríos sería el salmista. Siempre me había ministrado a través de su música, pero en pocas ocasiones habíamos compartido de tan cerca.

Sentí que el Señor me motivaba a orar por él con intensidad, y comencé a sospechar que Dios lo acercaría a mi persona de una manera especial.

Danny entraba y salía del hotel como toda una celebridad. La gente lo detenía para pedir su autógrafo, una foto o una palabra de oración. Él, con su gracia característica, atendía a cada uno con una sonrisa. Yo había bajado de la habitación al vestíbulo del hotel. Danny se acercó y me pidió unos minutos para conversar. Sus palabras fueron puntuales: "Desde que mi papá murió, no he tenido pastor. Tengo muchos amigos, pero no tengo uno a quien pueda llamar "mi pastor". ¿Puede usted ser mi pastor?".

Esa conversación dio inicio a una relación cercana. Desde entonces lo he visto en los momentos de mayor bienestar y lo he acompañado en las crisis. Tanto en las unas como en las otras, he descubierto en él un corazón dispuesto a la obediencia. Si se me pidiera que lo describa con una palabra, diría *ternura*. Danny tiene un corazón tierno. En ocasiones parece un niño grande. Celebra con entusiasmo las pequeñas cosas que otros olvidan, e ignora las glorias que otros ambicionan.

Desde niño fue evidente su talento, pero eso no fue suficiente para que Pepito Berríos, su padre, lo llevara temprano como el solista de sus campañas; en lo que hacía también se hizo patente su llamado, pasión y unción. Cuando Danny canta, su gracia y talento saltan a la vista, pero pronto uno sabe que hay algo más. Dios ministra cuando él le canta.

Millones han sido edificados a través de décadas con la música de Danny. Ocasionalmente personas me hacen preguntas sobre la vida privada de este gran amigo. Sus admiradores quieren saber más. En este libro le aseguro que muchas de sus preguntas son contestadas.

Danny Berríos cuenta aquí su vida entre canciones. Se adentra en interesantes temas históricos de la música cristiana y narra algunas de sus batallas personales.

A la distancia yo lo admiré como cantante; de cerca lo admiró aún más. Creo que al leer este libro a usted le ocurrirá lo mismo. Posiblemente se enterará de cosas que no imaginaba y descubrirá la mano de Dios guiando la vida de un hombre comprometido en amor con su Señor y Dios. Esta es una historia donde se cumple aquello de "a los que aman a Dios, todas las cosas les ayudan a bien".

En *El Rey me mandó a llamar*, el autor nos hace partícipes de su relación personal con algunas de sus canciones más conocidas. Nos revela cómo se gestaron y afectaron su vida. Quizás alguno de sus himnos marcó también la vida de usted. Puede suceder que este libro le haga recordar algún testimonio o proceso que estuviera viviendo mientras lo repetían en la radio.

De alguna forma la historia musical de Danny es la historia personal de miles de creyentes. El lector encontrará que no está leyendo sobre la vida de otro, sino una historia de la cual también es testigo. Alguno dirá que creció escuchándolo; otro que se convirtió con su mensaje; que se enamoró escuchándolo; o que Dios le habló, y no faltará quien diga que comenzó a cantar escuchándolo. Lo cierto es que el Rey llamó a cantar a Danny Berríos.

# Índice

# Índice

# CAPÍTULO 1

# Gloria a Dios

*Si te sientes oprimido, que no puedes alabar a Dios*
*y te sientes opresionado por las huestes de Satanás.*
*Si te sientes ser tentado y no sabes a dónde ir,*
*solo dobla tus rodillas y glorifica al Señor.*

Cada canción tiene una historia. Cada vez que le canto una a mi público, hago una introducción, relatando alguna anécdota relacionada. Así las personas se enteran cómo primero me tocó a mí, y luego por qué espero que también los toque a ellos. Canto lo que canto porque he vivido cada canción, y considero que el público necesita saberlo, para que se animen a cantar conmigo.

Por eso en este libro encontrarás algunas anécdotas detrás de mis canciones más conocidas.

*Gloria a Dios* fue la primera que grabé en un álbum. Era el año 1982 cuando compilé las nueve canciones que incluí en la grabación. Por cierto, las primeras cinco se grabaron en Maracay, Venezuela, con los músicos de José Luis Rodríguez, El Puma. Ellos recién se habían convertido al Señor y abandonado la banda. Cuando le informaron al Puma que no seguirían más, él les obsequió una consola de ocho canales para que la usaran en su nueva etapa. Ese tipo de consola que el Puma les dio era lo mejor de lo mejor en aquel entonces. Así que, con consola en mano, montaron un estudio de grabación en un garaje y se pusieron a producir música cristiana.

Resulta que uno de esos músicos estaba en contacto con una familia de la iglesia del pastor Gabriel Caribe, en Miami, y alguien me dijo que ellos contaban con un estudio en Maracay. A pesar de que en Miami había buenos estudios, decidí ir a grabar con ellos.

Allí grabé mis primeras cinco canciones: *Gloria a Dios, Un canto para ti, Él es Jehová, Juntos venceremos* y *Aquí estoy.*

Es más, mis primeros cinco álbumes lo grabé en Maracay, Venezuela. Yo grababa allá, me traía el máster a Miami y lo llevaba a una empresa llamada: *Miami Tape*, que era la única que hacía este tipo de trabajo.

Primero grabé en discos de acetato, y posteriormente, con la aparición de los casetes, en casetes. Es probable que algunos que estén leyendo no sepan que es un casete. Bueno, fue el formato de grabación que precedió a los discos compactos, incluso, a la música digital.

Mi padre fue mi primer socio en aquel primer álbum. No tenía mucho dinero para invertir y él me ayudó. *Gloria a Dios* fue la primera y única grabación en donde mi padre y yo fuimos socios, pues después no necesité más su ayuda en este sentido.

Las temáticas de las canciones nacieron de *Trinity Broadcasting Network* (TBN), cadena precursora de Enlace. En TBN era donde se grababa *Praise The Lord*, que era el programa cristiano más popular de aquella época y que se transmitía a todo el mundo. Yo trabajé ahí durante varios años, y prácticamente fui un multiusos, que hacía de todo. Inicialmente trabajé como voluntario y luego, cuando vieron que realmente me necesitaban, comenzaron a pagarme. Todo lo que yo iba aprendiendo en la escuela de comunicaciones lo ponía en práctica en TBN. Fuera usar una cámara, supervisar el sonido o editar programas, ¡lo hacía yo! Al final me convertí en el sonidista de planta del estudio.

Además de sonidista, me tocaba montar los micrófonos y probarlos para que estuvieran listos para los cantantes y predicadores que llegaban. No exagero si digo que a ese programa llegaba "la crema y nata" de la música cristiana anglo. Es que era un programa famosísimo a nivel nacional e internacional. En ese trabajo conocí a cantantes muy pero muy conocidos y hasta ganadores de premios Grammy. De todo lo que viví y aprendí en ese lugar se deriva mi influencia musical.

Me formé escuchando música de cantantes norteamericanos. Por eso, *Gloria a Dios* es la versión en español de una canción norteamericana muy conocida, que en inglés interpretó Russ Taff. Cuando la escuché, me ministró en gran manera y me animé a grabarla. Este hombre tenía una unción y una voz tan impresionantes que por eso quise traducirla al español. Es curioso que en la actualidad casi no se cante en inglés, pero en español todavía sigue sonando mucho. De otras canciones realicé versiones en otros idiomas, pero de *Gloria a Dios* nunca hice otra versión porque se trata de una pieza muy singular.

Recuerdo que a mediados de los 80's, en una campaña evangelística en Brasil, me otorgaron un disco de oro por el álbum *Gloria a Dios*. Brasil es un país de habla portuguesa y es interesante que me hayan dado un premio a pesar de haberlo grabado en español. Con *Gloria a Dios* abrí brecha y me di a conocer mucho. En una ocasión mi padre me dijo —proféticamente, la verdad— que yo grabaría muchas canciones; sin embargo, lo que pasó con *Gloria a Dios* fue impresionante. Y sí, hay canciones que han marcado mi vida, pero *Gloria a Dios* fue la primera que lo hizo.

### UN LARGO VIAJE MISIONERO
Mi historia comienza en 1961, cuando nací, pero yo no nací como los demás niños, nací prematuro. Resulta que en esa época mi papá trabajaba para una compañía de seguros y ganaba mucho dinero. La cuestión era que él estaba lidiando interiormente por obedecer el llamado de Dios y dedicarse al ministerio a tiempo completo. Él era un hombre muy responsable

y no le fue fácil tomar la decisión. Incluso, sus suegros —mis abuelos— no estuvieron de acuerdo con que se aventurara a entrar al ministerio.

En ese entonces, mis padres ya tenían cuatro hijos y uno venía en camino... yo. Mi mamá estaba en el octavo mes de embarazo y, según los cálculos médicos, faltaba un mes para que yo naciera. Una noche —me contó mi madre— mi papá le llamó por teléfono y en su voz se notaba muy angustiado. Estaba en un gran conflicto ante la posibilidad de renunciar al trabajo y comenzar a vivir por fe. Así que durante todo el proceso se le veía muy infeliz. Por un lado, sentía un intenso llamado al ministerio, y por otro, sentía que debía ser un esposo y padre responsable. Y en medio de ese "tira y jala" tenía que tomar una decisión... y pronto. Esa noche mi mamá sintió a mi papá tan, pero tan afligido que se apartó a solas para clamar —literalmente— al Señor. Conmigo en su vientre, oró entre sollozos: "¡Señor! ¡Yo quiero que tú nos des claridad, porque esto no puede seguir así! Si tú estás llamando a mi esposo, ¡nos urge una señal! Y esa señal que te voy a pedir es que yo dé a luz este día. Si mi hijo nace hoy, es que tú estás llamándonos al ministerio a tiempo completo".

Esa oración fue a medianoche. A las dos de la madrugada comenzaron los dolores de parto, y así fue como yo nací, a las 8 de la mañana del 29 de octubre de 1961.

Esta señal fue la que les hizo entender que, efectivamente, Dios los estaba llamando a que se dedicaran por completo al ministerio. Claro, por yo ser "ochomesino", me hicieron muchas transfusiones de sangre, porque yo no nací bien. Cuando mi papá llegó al hospital y el doctor le informó de mi estado de salud, él quiso estar a solas para orar. Pero, tú sabes, en un hospital no se puede estar solo, así que se metió en el primer closet que encontró, de esos donde guardan las cosas de limpieza, y se encerró orar: "Señor, yo sé que el nacimiento de mi hijo es obra tuya y ha venido a confirmarnos el ministerio. Así que necesito que la obra que comenzaste al provocar que naciera, la completes. Por favor, ¡te suplico que sanes a mi hijo!"

A partir de ese día estuve mejor, y finalmente salí del hospital sin ninguna complicación. Fue a raíz de todo esto que mi papá y mamá comenzaron a planear su primera gira misionera. Después de unos pocos meses, al pasar por la ciudad de Los Ángeles, mi mamá habló con mi tía Marcia y le explicó que no le gustaría llevarme de gira porque yo estaba muy pequeño. Así que les pidió a mis tíos que me cuidaran durante los siguientes tres meses que duraría el viaje y, al regresar, me recogerían para que cada familia siguiera con sus vidas.

Resulta que mi tía Marcia había perdido varios embarazos, y después de muchos intentos, no pudo tener hijos y convertirse en madre. Por eso, cuando mi mamá le solicitó cuidarme todo ese tiempo, de inmediato le dijo que sí y me recibieron con los brazos abiertos. El asunto es que la gira misionera de mis padres no duró tres meses, ¡duró ocho años!

Imagínate, ¡ocho años! Y no fue hasta que se cumplió ese tiempo que regresaron por mí. Claro, no es que mis papás me abandonaron o que su intención haya sido deshacerse de mí. No, durante todo ese tiempo se comunicaron permanentemente conmigo vía telefónica, pero la realidad es que desde que me dejaron en casa de mis tíos yo no los volví a ver en persona hasta que pasó ese tiempo.

> A los nueve años mis tíos vieron en mí una vocación musical, por eso me buscaron una maestra de piano para comenzar a tomar clases profesionales, además de pagarme clases de canto a eso de los doce.

Cuando mis papás regresaron por mí, experimentamos un enorme problema. ¿Cuál? Que yo les llamaba papá y mamá a mis tíos. Si fue difícil para mis padres descubrir que siendo ellos mis padres yo no los veía como tales, sino a mis tíos, ahora, cuán traumático fue para mí desprenderme de mis padres de crianza, que en realidad eran mis tíos, para irme con mis verdaderos papás. ¡Se formó un verdadero lío! Es más, mi papá ya le había advertido a mi mamá que eso podría ocurrir y que existía la posibilidad de que yo viera a mis tíos como mis padres y no a ellos.

Ahora bien, a esa edad yo no estaba consciente de todo el problema. A mí simplemente me dejaron bajo el cuidado de mis tíos con apenas unos meses de vida y los únicos padres que yo conocía era mis tíos. Así que la parte inocente de todo este conflicto era yo; sin embargo, lo que acabo de relatar fue un enorme problema que como familia tuvimos que enfrentar. Fue a causa de este conflicto que mi vida se desarrolló entre la ciudad de Los Ángeles y la ciudad de Miami.

Yo viajé entre ambas ciudades muchísimas veces durante mi niñez y adolescencia, pero no para visitar a mis tíos un fin de semana y regresar. No, me iba por temporadas largas a estar con ellos, porque para mí fue muy difícil despegarme. ¿Cuándo regresaba a Los Ángeles? Cuando los extrañaba demasiado. Y claro, ahora que lo veo en retrospectiva, este conflicto ocurrió con un propósito de Dios.

A los nueve años, mis tíos vieron en mí una vocación musical, por eso me buscaron una maestra de piano para comenzar a tomar clases profesionales, además de pagarme clases de canto a eso de los doce.

Por cierto, esas clases de canto no fueron clases ordinarias. Mi profesor era un tenor, es decir, un profesor que cantaba obras de ópera. Vale decir que la interpretación operística es una excelente base para todo buen cantante; así que con él aprendí a maximizar mi voz, al grado que, a punto de cumplir hoy cuarenta años de ministerio, mi voz sigue intacta, no ha perdido la fuerza, porque tuve un profesor espectacular que me ayudó mucho en este sentido. Además, nunca abusé de mis cuerdas vocales y he tratado de ser disciplinado en el uso de esta herramienta. Recuerdo que al año de tomar clases de canto, el profesor le dijo a mi mamá: "Señora, yo ya le enseñé a su hijo todo lo que puedo, porque más allá lo que él tiene es un don de Dios. Su voz es única, muy dotada, y la forma en que la proyecta es simplemente impresionante; así que yo no puedo ayudarle a mejorar más de lo que hace porque ya cuenta una voz privilegiada". El profesor no era cristiano, pero reconocía que había dones que solo Dios podía dar. Estuve en clases con él alrededor de un año y medio.

Por eso dije, viéndolo en retrospectiva, que el problema con la familia que experimentamos sucedió con un propósito detrás. Fíjate, si yo me hubiera criado solo con mis papás hubiera sido uno entre cinco hijos; pero, al criarme con mis tíos, ellos me trataron como su único hijo. Y he ahí el porqué invirtieron tanto en mi educación musical. Si yo me hubiera criado solo con mis papás, es probable que hubiera terminado cantando, pero no con la preparación académica que adquirí a causa de lo que mis tíos vieron en mí.

## MIS PADRES, MIS TÍOS Y MI DEBUT

Mi papá se llamaba José Augusto Berríos, y mi mamá Clara Esther Torres de Berríos. Mis tíos se llamaban Sergio González y Marcia de González. Así que a medida que fui creciendo con mi tía Marcia, ella le contaba a mi mamá cuánto me gustaba la música. Pero no solo eso, también le hablaba de que sobre mí había un llamado. Ellos no sabían si era para dedicarme a la música o para otra cosa, pero identificaron que yo tenía un llamado al ministerio.

Mi papá fue un gran predicador y, además, un excelente cantante. Él tenía una voz excepcional. Por cierto, en los 70's grabó un álbum con un par de cantantes chilenos. Era un trío, y mi papá hacía de tenor. Cada vez que mi padre pasaba a predicar, no iniciaba la predicación sin antes cantar *a capela*. Imagínalo, nadie le daba un tono musical y no había músicos detrás, pero cuando comenzaba a cantar lo hacía perfecto, sin desafinar una sola nota y con un calibre excepcional.

Cuando papá regresaba de sus viajes a Miami, al volver a salir a veces yo lo acompañaba en sus giras. Él era puertorriqueño de nacimiento, pero creció entre New York y Miami, aunque su mamá era cubana. Mi mamá fue de las primeras generaciones de cubanos que vinieron a Miami, allá por 1955, antes de que estallara la revolución. Aunque ella no hablaba ni tres palabras en inglés, entendía todo cuanto decías. Mis tíos eran cubanos. Mi tía Marcia era prima hermana de mi mamá. Es más, se criaron en la misma ciudad en Cuba. Por eso se consideraban más que hermanas, y he ahí por qué le pidió el favor de que me cuidara cuando ellos salieron a su primer viaje misionero.

Así que de esta manera fueron transcurriendo mis primeros años, entre Miami y Los Ángeles. Muchos no lo saben, pero al inicio yo cantaba principalmente en inglés. Cantaba en las convenciones de las Asambleas de Dios, porque mi tío Sergio fue presbítero de la denominación. Él organizaba una reunión al mes y la celebraba los días sábado. Fue en una de ellas que hice mi debut. Yo apenas tenía nueve años y canté un solo. Por cierto, esa grabación donde canté por primera vez aún existe. Después de esa presentación, las invitaciones comenzaron a llover. Además, en las convenciones de jóvenes realizaban concursos de talentos, que yo gané durante cuatro años seguidos. Al quinto año, como vieron que siempre ganaba, ya no me dejaron participar.

**Gloria a Dios** ♪
*Si te sientes oprimido, que no*
*puedes alabar a Dios*
*y te sientes opresionado por*
*las huestes de Satanás.*
*Si te sientes ser tentado y*
*no sabes a dónde ir,*
*solo dobla tus rodillas y glorifica al Señor.*

**Coro:**
*¡Gloria a Dios!, porque en*
*medio de tus problemas,*
*¡gloria a Dios!, porque en Cristo hay poder.*
*¡Gloria a Dios! Si te sientes ser atado,*
*es solo para recordarte que esas cadenas*
*ya son rotas cuando le alabas.*

*El diablo es un mentiroso y él*
*quiere hacernos creer*
*que somos nadie, cuando él bien sabe*
*que somos hijos de un gran Rey.*

*¡Levanta ya tus manos porque
la victoria nuestra es!
¡El diablo está vencido y la obra hecha está!*

# CAPÍTULO 2

# Me diste amor

*Y es por eso que yo te amo, Cristo,*
*y es por eso que te amo, Señor.*
*Tomaste mi vida y mi corazón,*
*y una nueva criatura yo soy.*

Hay canciones, como *Me diste amor*, que se han escuchado en todo el mundo. Hace poco ministré en Georgia, Estados Unidos, y el pastor de la iglesia donde canté proviene de Guinea Ecuatorial, África. Él me contó que mis canciones en dicho país se han escuchado muchísimo, al punto que las conocen prácticamente todas. Por cierto, me relató un poco la historia de la Iglesia en Guinea Ecuatorial. Resulta que los primeros misioneros que llegaron allí fueron puertorriqueños, puesto que en ese país se habla mucho español. Si Dios lo permite, visitaré Guinea Ecuatorial. Queda como a dieciséis horas de EE.UU. por vía aérea, y si llegara a viajar podré compartir con los hermanos mis canciones y testimonios.

La canción *Me diste amor* realmente impactó a miles, no solo al mundo cristiano, sino también al secular. Su letra habla del amor de Dios, pero su mensaje es Cristo-céntrico. Recuerdo que a finales de los 80's estaba yo por dar un concierto en San José, Costa Rica, e iba muy atrasado como para llegar a la hora que se iniciaba la actividad. Iba apresurado por el pasillo del hotel junto a un par de hermanos que me habían llegado a recoger cuando, de repente, veo a una joven que venía en dirección nuestra. Se veía muy apurada, y a medida que se acercaba me percaté que íbamos a chocar. De no ser por estos dos hermanos, los dos nos hubiéramos estrellado y terminado en el piso. Así que cuando la detuvieron, ellos le preguntaron muy preocupados qué le sucedía. Nos dijo: "yo no puedo dejar que usted se vaya al concierto sin que antes escuche mi testimonio". Su tono era de urgencia y parecía que tenía que decirme algo realmente importante. Así que sin importar que íbamos tarde nos detuvimos unos minutos a escucharla.

Ahí nos relató que había tenido una niñez muy difícil, un hogar disfuncional y cosas así de terribles. Un día, cansada de su vida, decidió suicidarse. Pero antes, quiso escribir una carta a sus padres. Ella estaba cavilando sobre esto último, cuando en la parada de autobuses se encontró con una antigua compañera de escuela. Al saludarse, su amiga le preguntó: "¿cómo te sientes?". Obviamente no le iba a decir cómo realmente se sentía, pero, no pudiendo contenerse más, ese simple saludo la hizo desmoronarse en lágrimas. Al verla en ese estado, su amiga comprendió que algo grave le pasaba, y sacó de su cartera un casete con mi música y le dijo: "¡Toma esto! Llévatelo a tu casa y escúchalo detenidamente".

La muchacha se llevó el casete, y al llegar a casa lo puso en una casetera hasta que sonó *Me diste amor*. Cuando la escuchó le impactó tanto que la oyó como tres veces, pero a la cuarta no lo soportó más. En ese momento cayó de rodillas, llorando desconsoladamente. En ese instante oró: "Señor, si en realidad tú me amas como describe la canción, yo quiero tener una relación contigo. ¡Ven! ¡Entra en mi corazón!".

La joven nos contó que sintió que el cuarto se le iluminó, e inmediatamente sintió una paz que nunca había sentido. Nos dijo: "Yo no sabía lo que era ser feliz ni lo que era la alegría. Nunca había experimentado nada de eso, y en cuestión de segundos lo experimenté de una sola bocanada. Dios me cambió, ¡y no solo a mí!, sino que, a raíz de mi testimonio, pude ganar para Cristo a toda mi familia, y todo mi mundo cambió. Ahora tengo un ministerio en mi iglesia con niñas que han sido abandonadas por sus padres o que quedaron embarazadas muy jovencitas. Dios me ha estado usando en este ministerio. Pero, Danny, yo quería que supieras lo que esta canción ha significado para mí y que no solo ha bendecido mi vida, sino la de otros a causa de haberles compartido esta canción".

Testimonios como estos son impresionantes, y siempre que canto *Me diste amor* lo recuerdo. Es más, ese día ella me regaló un mapa de Costa Rica que tiene el nombre del país en grande. De seguro ella pensó que después de algún tiempo me deshice del mapa, ¡pero no! Todavía lo conservo, a pesar de que me lo dio a finales de los 80's.

## JUNTO AL LECHO DE MI HERMANA

Aunque me crie en una iglesia hispana, las convenciones de jóvenes siempre eran en inglés. Por eso todo lo que yo cantaba en esa época era en inglés. Como dije, yo estudiaba comunicaciones, estaba inscrito en la Universidad, en Santa Ana, California, pero simultáneamente trabajaba en TBN, en Tasten, también en California.

En ese entonces *Praise The Lord* lo presentaba el cantante Manuel Bonilla. ¿Pueden imaginarse?, con 50 años de ministerio musical, él se convirtió en mi mentor. Un día, cuando se enteró de que yo trabajaba en el canal, me dijo: "Danny, vente todos los sábados, para que sigas practicando lo que aprendes en la Universidad. ¡Eso sí!, siempre trae contigo traje y corbata aparte, porque si un día un cantante invitado no aparece, ¡te pongo a cantar a ti!". Aún no había cumplido yo mis veinte, pero ya me tomaban en cuenta para cantar. De verdad, era increíble la cantidad de veces que los cantantes no aparecían, a pesar de haberse comprometido a llegar. Por eso tuve el privilegio de cantar infinidad de ocasiones en el programa.

Un tiempo después, mientras continuaba trabajando en TBN y estudiando, mi hermana se enamoró y se casó. A los pocos meses de casada, se mudó a Garden Rock, California. Yo vivía en Los Ángeles, así que pensé: *¡Genial! ¡Voy a tener a mi hermana cerquita de mí!* Recuerdo que ese año, un día antes de Nochebuena, me dijo: "Oye, mañana es 24 de diciembre y vamos a comer en casa. ¡No puedes llegar tarde!". Así que ella contaba conmigo para cenar, y el 24 me presenté a trabajar al canal como de costumbre, pero a la vez pensando en que cenaría con mi hermana en la noche. El asunto es que como a eso de las diez de la mañana me llamaron al canal; me informaron que ella había sufrido un derrame cerebral, y como yo era el familiar más cercano, me pedían que me presentara en el hospital.

Resulta que durante la noche anterior el esposo de mi hermana, que era estudiante de medicina, sintió que la cama se agitó mientras dormían. Cuando se sacudió la cama, él se despertó y notó que ella estaba inerte. Le tomó el pulso, chequeó sus latidos y la llevó de inmediato a urgencias.

Cuando me informaron lo de mi hermana, corrí hasta el hospital; al entrar a su habitación la vi postrada y con un montón de máquinas alrededor. Su cerebro estaba muerto y la tenían con respiración artificial. Al verla en el cuarto, quedé muy impresionado y profundamente afectado. Si a esto le sumas que desde un tiempo atrás yo estaba sintiéndome inquieto sobre el propósito de mi vida, y llevaba varios días orando: "Señor, ¿qué es lo que quieres de mí? ¿Quieres que sirva en la música, en la Radio o la

Televisión?". Entonces puede comprenderse por qué quedé en *shock* al entrar a la habitación del hospital.

Así que, con mi hermana frente a mí y con todas mis dudas agolpándose en mi cabeza, me acerqué a su cama, le tomé la mano y vino a mi memoria la Escritura que dice: *"El hombre, como la hierba son sus días; como la flor del campo, así florece; cuando el viento pasa sobre ella, deja de ser"* (Salmos 103:15,16).

Y tomé una decisión: *¡Debo aprovechar mi tiempo aquí en la tierra! ¡No sé cuántos años más voy a vivir! ¡Miro a mi hermana! ¡Yo no sé si ella va a salir de esto!* En ese momento yo no sabía que ella no iba a sobrevivir, solo sabía que estaba frente a mí y yo a la par de ella, así que en ese momento tomé una decisión.

Tenía dieciocho años y me tocó la tarea de comunicarle a toda mi familia lo que estaba ocurriendo. Llamé a papá, a mamá y a todos mis hermanos. Las máquinas que la mantenían viva estuvieron encendidas durante dos días más, por lo que, cuando la familia ya había llegado al hospital, los doctores nos dejaron a solas para que tomáramos la decisión de dejarla conectada con muerte cerebral o apagar las máquinas para que muriera, que era lo mismo. En medio de ese dilema, mi papá dijo: "Si Dios la va a salvar no necesita esas máquinas; pero si Dios se la va a llevar, igual las máquinas no la mantendrán viva. Vamos a apagarlas". En ese momento el esposo de mi hermana le dijo a mi papá: "Encárguese usted. Yo no voy a hacer nada, ¡no puedo hacer nada!". Y así fue como mi papá apagó las máquinas. En el transcurso de la siguiente media hora los latidos de su corazón comenzaron a disminuir hasta que se fue con el Señor.

La muerte de mi hermana nos impactó a todos; sin embargo, a quien más duramente afectó fue a mi papá. Ella murió en 1980, y mi papá en 1985. A partir de la muerte de mi hermana la vida de mi papá comenzó a irse. Sus fuerzas fueron disminuyendo poco a poco y su salud fue deteriorándose, hasta que en 1985 también se fue con el Señor. Más adelante en el libro hablaré al respecto, pero, como dije, la muerte de mi hermana fue un parteaguas en mi vida. Yo estaba en la disyuntiva de qué hacer con mi vida, y ese evento me empujó a tomar una decisión.

> En ese entonces yo solo tenía cinco pistas; ese era el repertorio con que contaba. ¡Nada más! Eran las canciones que había traducido al español y con las que me defendía cuando me invitaban a cantar.

Unos días después del funeral, recién había terminado de orar cuando mi papá me llamó por teléfono: "Danny, he sentido de Dios llamarte. ¡El tiempo de tu llamado llegó! Tú sabes que siempre ha habido un llamado sobre tu vida, así que acompáñame a la campaña evangelística que tengo en Guatemala. ¡Quiero que vengas conmigo!".

Tenía dos semanas más de vacaciones, y como ya había tomado mi decisión junto a la cama de mi hermana, le dije a mi papá que sí. En ese momento preparé mis maletas y me reuní con él en Miami para viajar juntos a Guatemala.

## ¿LLAMADO O NO LLAMADO?

Era bastante joven cuando volé con papá a Guatemala; al llegar a la capital nos fuimos en auto hasta Quetzaltenango, al noreste. La cruzada duraría dos semanas y sería en la iglesia Eben Ezer, del pastor Efraín Avelar. Por cierto, esa iglesia siempre fue enorme. ¡Aún en la actualidad! Cuando llegamos nos estaban esperando con ansias. La campaña se llevó a cabo debajo de una carpa gigantesca y no creo equivocarme si digo que había unas seis mil personas sentadas.

En ese entonces yo solo tenía cinco pistas; ese era el repertorio con que contaba. ¡Nada más! Eran las canciones que había traducido al español y con las que me defendía cuando me invitaban a cantar. O sea, nadie conocía las canciones, no existían en español y nadie las había grabado.

En países como Guatemala se acostumbra que cuando se va a celebrar una gran actividad, se montan estands, quioscos y hasta carritos con comida para vender. Entonces, como a mí siempre me ha encantado comer, el segundo día me acerqué a varios de esos carritos, y me enfermé. ¡Estuve tres días en cama! Y ese hecho me hizo dudar de si realmente yo estaba llamado al ministerio o no. Pensaba: *¡Quizá no estoy preparado para viajar como mi papá y visitar estos países!* Aun así, al recuperarme, volví a la plataforma para cantar y acompañar a mi padre.

Una de las noches mi papá me mandó a llamar para que cantara, y al tomar el micrófono canté *Gloria a Dios*. Lo que sucedió a partir de ahí fue impresionante. El Espíritu Santo comenzó a moverse en esa carpa y todo mundo se puso en pie con las manos arriba, alabando fervorosamente al Señor. ¡Fue una experiencia tan sobrenatural que nunca la voy a olvidar! Al terminar de cantar, todos estaban llorando y yo también, pero tenía que bajar para que predicara mi papá. Cuando ya estaba sentado, reflexioné sobre las dudas que me asaltaron los días anteriores; en ese momento sentí que Dios me dijo: *¡Tú tienes un talento muy especial! ¡Yo te lo di! ¡Esto es mío!*

Experimentar eso y sentir que Dios me hablaba fue determinante en mi vida. En ese momento sentí que los ojos se me abrieron y comprendí que yo no viajé a Guatemala por casualidad o solo para acompañar a papá, sino que Dios tenía un propósito para mí. Ahí comprendí que el Señor me podría usar en las naciones.

A todo esto, cuando mi papá tomó el micrófono, él también estaba llorando. Es más, nadie en ese auditorio de seis mil personas podía contenerse. Eran sollozos, lágrimas y gente orando en voz alta a lo largo y ancho del lugar, al punto que mi papá no pudo predicar. Así pasaron como 20 minutos, y cuando el murmullo y las voces de la gente comenzaron a mermar, mi papá dijo: "El Espíritu de Dios nos ha visitado en este lugar y yo no soy quién para predicar cuando él ya vino y nos predicó a todos nosotros".

En ese instante, en lugar de predicar hizo el llamado a recibir a Cristo, y pasaron cientos de personas al frente. Eso sin contar las sanidades físicas que todos presenciamos. Cuando vi todo eso exclamé: "¡Dios! ¿Todo esto puede pasar solo porque alguien cantó?".

Ese día comprendí que yo tenía un verdadero llamado del Señor.

La última noche de la campaña en Quetzaltenango, estaba sentado en la plataforma y alguien desde abajo me haló por el traje. Volteé para ver y era una campesina guatemalteca que quería hablar conmigo. Como es sabido, en Guatemala hay mucha población indígena y con facciones típicas. Quien me jalaba el traje era una ancianita que no medía más de metro y medio y que estaba ataviada con un vestido de muchos colores, tal como se visten los campesinos de la zona. Ella me hizo una señal con el dedo de que fuera a donde ella estaba, y yo, muy obediente, bajé hasta estar frente a ella. Me miró a los ojos, y con autoridad me dijo: "¡Dame tus manos!". Se las extendí y comenzó a decirme: "¡Mi cielo! Así te dice el Señor...". ¡Comenzó a profetizarme! Me dijo cosas que solo Dios y yo sabíamos. ¡En serio! Eran cosas demasiado íntimas como para que alguien las supiera, y ella me las comenzó a mostrar. A medida que la escuchaba, tenía la certeza de que era Dios mismo ministrándome. Luego me dijo que Dios me iba a usar, los planes que tenía para conmigo y hasta los lugares a donde iba a viajar. A esas alturas era yo un mar de lágrimas. De repente, ella dejó de hablar, no sin antes concluir: "Vine a lo que vine; ya entregué el mensaje y es hora de irme".

Cuando la anciana se fue, yo seguía llorando a raudales. Subí a la plataforma y mi papá me vio con los ojos rojísimos de tanto llorar, y se acercó a preguntarme qué me pasaba. De inmediato le conté lo que me dijo la ancianita y lo especial que había sido el Señor al hablarme de ese modo al corazón. Así que, si durante la cruzada yo aún sentía dudas de mi llamado, esa noche se esfumaron.

Algunos de los que han seguido mi música durante todos estos años quizás creen que yo salí de la nada, pero la verdad es que hay todo un trasfondo detrás de mí ministerio.

Así que, al terminar la campaña, nos montamos al avión y regresamos a Miami. Hasta el día de hoy nunca he olvidado a esa ancianita; a veces hasta he pensado que quizá fue un ángel que Dios envió, porque jamás la volví a ver en mi vida. ¡Dios pinta a los ángeles como Él quiere!

**Me diste amor** ♪
*Razón de vivir me diste cuando yo no tenía,*
*me extendiste tus brazos cuando*
*el mundo me abandonó.*
*Me diste alegría cuando antes*
*solo había amargura,*
*me diste amor cuando nadie*
*me quiso amar.*

**Coro:**
*Y es por eso que yo te amo, Cristo,*
*y es por eso que te amo, Señor.*
*Tomaste mi vida y mi corazón,*
*y una nueva criatura yo soy.*
*Por eso, Señor, yo te canto*
*y por eso yo te alabaré.*
*Me diste amor cuando*
*nadie me quiso amar.*

*Tornaste mi llanto y mi lamento en gozo,*
*todos mis sueños tornáronse en realidad.*
*Tú me miraste con ojos de amor y ternura,*
*me diste amor cuando nadie*
*me quiso amar.*

# CAPÍTULO 3

# El Shaddai

*El Shaddai, el Shaddai,*
*erkamka na Adonai,*
*te alabaré y te exaltaré,*
*el Shaddai.*

El *Shaddai* es una de las más reconocidas canciones dentro de la música cristiana. Originalmente se grabó en inglés; la compuso Michael Card, y también la grabó la famosísima cantante Amy Grant. Conocí la canción en 1983. Por esa época algunos cristianos estaban estudiando sus raíces judías y he ahí el porqué algunos versos están escritos en hebreo. Aunque Card la compuso, quien la dio a conocer mundialmente fue Amy Grant. Cuando la escuché por primera vez, me dije: *¡Qué canción más hermosa!* La canción se ha versionado en varios géneros, y hasta tengo un amigo que la interpreta en saxofón.

*El Shaddai* la incluí en el álbum *Él es Jehová*. Gracias a esta canción recibí una invitación a cantar en el país de Israel. Cuando llegué ahí me invitaron a cantar una noche en una sinagoga judía. Fue una actividad pequeña, con unos treinta asistentes. Cuando llegó el rabino trajo la Torá, le quitó la funda, la puso en la mesa, desenrolló el pergamino y comenzó a leer en el libro de Ester. Leyó un par de capítulos, y dijo: "Aquí hay un cantante norteamericano que nos visita y me encantaría que él pasara a cantarnos una canción". Me puse en pie y comencé a cantar a la par de la mesa donde estaba la Torá.

De repente, la atmósfera de la sinagoga cambió. Como es sabido, a las sinagogas, además de judíos, también asisten cristianos, agnósticos, turistas, etc. Mientras cantaba, todo mundo lloraba. Aun con todo lo que ocurría, yo estaba pendiente del rabino, que solo me miraba y escuchaba con atención, pero cuando terminé de cantar, me abrazó fuertemente y me dijo que mientras cantaba sintió algo muy especial en su corazón. Además, les dijo a todos: "Yo siento que debo hacer algo contigo. Es algo que no se le permite a ningún extranjero. Solo a los descendientes de un rabino o que son judíos de nacimiento". Resulta que cuando la ceremonia en la sinagoga finaliza, enrollan la Torá, le meten en una funda, toman un asiento y se sientan abrazando la Torá. Entonces, al salir, las personas bendicen la Torá y dan una ofrenda. Así que me senté con la Torá en mis brazos, y durante todo ese tiempo yo no podía parar de llorar. Fue una experiencia que jamás se me va a olvidar, porque todo sucedió por cantar *El Shaddai*.

La palabra Shaddai significa "el Dios que amamanta", como una madre que amamanta a su hijo. Aunque la expresión la usamos más en español como "el Dios todo suficiente", porque Él es quien nos provee por ser sus hijos. En ese mismo viaje, estuve en Caná de Galilea, en una iglesia bautista cuyo pastor es árabe. Ahí también me pidieron cantar *El Shaddai*. Al terminar de interpretarla me pidieron que la cantara otra vez. Y así como en la sinagoga, la presencia de Dios bajó poderosamente a ese lugar. Es que es una canción que puedes cantarla miles de veces y aun así no te cansas, por lo especial que es.

## El idioma no es una barrera

Hablo mejor inglés que español, pero como todo mundo me ha visto ministrar en iglesias hispanas creen que hablo mejor el español que el inglés. Para dar una idea, si yo manejo más de cinco mil palabras de vocabulario en inglés, solo manejo tres mil en español. Es decir, me es más fácil hablar inglés que español. Eso sí, mi llamado fue a ministrar al mundo hispano.

Ahora bien, ¿por qué aprendí a hablar español? Por el respeto que le sentíamos a mi mamá. Aunque ella era ciudadana norteamericana, había una ley no escrita en casa de que ahí solo podíamos hablar español. ¡Por eso aprendí a hablarlo! Mi día entero era hablar inglés, inglés, inglés, pero al cruzar la puerta de la casa debíamos cambiar de idioma. Es más, a veces entrábamos a la casa hablando inglés con alguno de mis hermanos y volaba un zapato, una escoba, ¡lo que fuera!, todo para recordarnos que en casa se respetaba a mi mamá hablando español.

Aun así, mi español no es perfecto, si bien estudié español en la escuela e incluso llevé alguna materia de gramática; yo podría escribirte un correo electrónico, pero es muy probable que falle en la puntuación y los acentos.

Volviendo al tema del ministerio, los primeros años fueron de traducir canciones del inglés al español. Aunque no puedo decir que las canciones que he interpretado son de mi autoría, sí puedo decir que son versiones mías y, por lo tanto, las considero mías. A mediados de los 80's un evangelista muy conocido en Brasil, me dijo: "Danny, ¿cuándo te gustaría ir a mi país?". De inmediato le expresé mi total desinterés en viajar tantas horas y tan lejos, pero él insistió: "No te estoy pidiendo que vayas a turistear, ¡quiero que vayas y me acompañes en unas campañas!".

Para hacer de una historia larga una corta, viajé a Río de Janeiro y al llegar quedé muy impresionado por la belleza de la ciudad. Ese mismo día debía cantar en la cruzada. Cuando llegaron a recogerme lo hicieron en un auto que para qué lo describo, ¡era como una limosina! Del hotel nos dirigimos al parque San Cristóbal bajo una lluvia suave, que pensé desanimaría a la gente.

De camino pasamos por una avenida donde en las aceras vendían platos de comida con vasos de agua para poner fotos de personas. Quien me acompañaba me dijo: "No te sorprendas de ver eso, más tarde vienen los brujos a hacer hechizos, y la gente viene a poner las fotos de a quienes quieren dirigir la brujería. Cuando me contó eso, me sorprendí y le dije: "¡Oye, vamos a una campaña evangelística, y de todas las calles que existen en Brasil, ¿no pudiste haber escogido otra?". Nos comenzamos a reír.

Debido a la lluvia, pensé que no llegaría la cantidad de personas que se esperaba para el evento. ¡Qué va! Cuando estábamos a punto de comenzar, se veía un mar de paraguas en el horizonte. ¡50 mil paraguas! ¡Fue increíble!

Así que cuando subí a la plataforma y me senté en el asiento que me habían asignado, me dije: *¡Dios mío! ¿Qué estoy haciendo aquí? ¿Por qué estoy en este lugar?* Por esos días yo recién acababa de grabar el álbum *Él es Jehová*, por lo que cuando pasé a cantar interpreté *Él es Jehová* y *El Shaddai*, y a todo mundo les encantó. El asunto es que en los siguientes meses el álbum fue un éxito de ventas en Brasil, al punto de llegar a los primeros lugares de las emisoras cristianas. Para que se tenga una idea, solo ese año volví a Brasil en seis ocasiones más. Incluso, todo ese año me sostuve de las ganancias que obtuve de las ventas en Brasil; fueran regalías u ofrendas por mis presentaciones, todo provenía de Brasil.

En una de esas giras, como la moneda estaba muy devaluada, al final me dieron dos valijas con millones de cruzeiros. Así que con las dos valijas me dirigí al banco; cuando entré todo mundo se me quedó mirando. Al llegar les dije a los cajeros: "¡Voy a ir a pasear! Por favor, ¡llámenme cuando hayan terminado de contar!". Al final creo que sumé cinco mil dólares en efectivo.

Eran mediados de los 80's y a esas alturas yo tenía un pastor presbiteriano que fungía como mi mánager. Él era un hombre millonario y prácticamente me ayudaba porque le encantaba mi música. Ahora que me remonto a esa época, realmente él nunca ganó dinero conmigo. Simplemente armaba las giras, me mandaba a traer y a veces hasta viajamos en su avión privado. Es probable que haya sido yo uno de los primeros cantantes cristianos en viajar en avión privado.

Cuando regresaba de esas giras, sin embargo, volvía muy exhausto, porque si iba por 15 días, cantaba 13. El día de llegar y el de volver a casa no lo cuento, o sea, ¡literalmente trabajaba todos los días sin descanso! Por eso cuando volvía a Miami a veces me infundían sueros para recobrar la vitalidad. En esa época mi vida era cantar, viajar; cantar, viajar; cantar, viajar... Hice muchas giras a Brasil con este hermano, a tal grado que hasta los políticos brasileños me mandaban a traer para cantar en algún evento, pues en Brasil hay muchos cristianos y muchos políticos son evangélicos. He ahí de su interés por llevarme.

En Brasil canté ante multitudes de 20 mil, 80 mil y hasta 120 mil personas. ¡Es increíble la cantidad de cristianismo que hay en ese país! Y lo curioso es que esos eventos, a pesar de ser multitudinarios, eran muy ordenados.

Recuerdo que en uno de ellos, antes de pasar a cantar, mi mánager me dijo: "Danny, antes de que cantes queremos hacerte una presentación". Entonces se acercó el representante de *Poligram Brasil* —la disquera secular más grande de aquella época—, y traía algo en sus manos. Era una especie de pintura, pero cubierta con una manta. Al pasar al frente descubrieron el cuadro y no era un cuadro, era un disco de oro. Me dijeron: "Queremos hacerte el reconocimiento de disco de oro, porque tu álbum *Gloria a Dios* ha vendido más de 100 mil unidades en Brasil". Todo mundo aplaudió y yo estaba sorprendidísimo, porque yo no había grabado en portugués. Era un álbum en español, pero la música que el Señor me permitió producir era tan poderosa que traspasaba los idiomas y las culturas.

> Aunque yo he hablado del éxito de ventas de *Gloria a Dios*, el disco más vendido de todos mis años de ministerio y que marcó mi resurgimiento fue *Dios cuida de mí*.

Esa experiencia fue inolvidable y obviamente mi cariño por Brasil y su gente se fue acrecentando en mi corazón. Fue a causa del amor que me fueron demostrando que, cada vez que viajaba, trataba de aprender a hablar portugués. Tanto ha sido mi afecto por ese país que, en ese entonces, había una revista llamada *Rede Manchete*, que no sé si aún existe, algo así como la revista *Time* en EE.UU. y cada vez que yo viajaba la compraba, al punto que una vez compré una suscripción internacional en el aeropuerto, porque he amado ese país desde que lo conocí. No exagero al decir que esa suscripción me costó como 500 dólares, porque la quise tener por varios años. Quise aprender todo lo de ese país, y ni se diga su idioma, su escritura y su gramática. Por cierto, la música brasileña es exquisita. El *bosa nova* y toda la variedad de géneros que ellos poseen es impresionante. ¡Y qué decir de sus compositores!

> Era tiempo entonces de hacer una pausa y definir qué quería el Señor para mí.

Ahora bien, que me invitaran a cantar a Brasil no significaba que no me criticaran. Hubo pastores muy conservadores que señalaron mi música como irreverente. Hay que tener en cuenta que yo cantaba en español música que había traducido del inglés; era música americana, y la mayoría de la música cristiana de esa época era más que todo solemne y congregacional. El asunto es que yo llegué con un género pop que no les sentó bien a muchos líderes. Aun así, ¡los jóvenes amaban mi música! La sonaban en todas las radios, porque era nueva, fresca y contemporánea.

Esto pocos lo saben, pero después de 20 años de ministerio atravesé una crisis. Era el año 2000 y quise tomarme un año sabático para descansar y replantearme muchas cosas de mi vida. Es que a veces sucede eso, que llega un momento en el que dices: *Señor, ¿esto es todo? ¿Esto es todo lo que tienes para mí?* Eso sin contar que mi música también había venido decayendo en comparación a los primeros años.

La década de los 90's fueron los años de la alabanza y la adoración congregacional, y esto tuvo un impacto en los ministerios musicales. Conocí de amigos cantantes que no tuvieron invitaciones durante meses, y eso les afectaba mucho en sus ministerios. Si a este fenómeno le sumas la crisis que atravesé, era tiempo entonces de hacer una pausa y definir qué quería el Señor para mí.

Por esos meses del año 2000 mi mánager en Brasil me llamó y me dijo: "¡Oye! ¡Quiero que escuches esta música!". Me dijo que había escuchado algunos álbumes cristianos en portugués y varias canciones lo habían impactado. Él sabía que nadie las estaba traduciendo al español y me propuso que yo las diera a conocer. Es más, me dijo que ya había comenzado las traducciones al español. De ahí surgió el álbum *Dios cuida de mí*, que me reposicionó en la preferencia del público. Aunque yo he hablado del éxito de ventas de *Gloria a Dios*, el disco más vendido de todos mis años de ministerio y que marcó mi resurgimiento fue *Dios cuida de mí*. Con él experimenté un segundo aire, y las canciones pegaron en todas las estaciones de radio cristiana del continente.

*Dios cuida de mí* incluye canciones como *Alaba a Dios* e *Himno de victoria*, de las cuales hablaré más adelante;

en cualquiera de mis presentaciones prácticamente es imposible que no las cante, debido a que todos me las piden. Si a esto le sumas que las canciones tienen una gran unción y, además, encienden el corazón de todos, es muy improbable que yo llegue a algún lugar y no las interprete.

## Enamorado de Brasil

Llevo tiempo sin viajar a Brasil. Si no me equivoco, no he viajado desde mediados de los 90's., pero siempre llevo ese país en mi corazón. Por años he soñado volver a grabar álbumes en portugués, porque he realizado tres producciones en ese idioma. Cuando le he comentado ese deseo a algunos cantantes, me han dicho: "¡Apúntame para un dueto contigo!". Thalles Roberto, por ejemplo. Hay otros más que me han dicho lo mismo, porque parece ser que mi música los acompañó en su niñez o adolescencia.

Hay una anécdota muy curiosa que recuerdo ahora que estoy hablando de esto. Resulta que en esos viajes a Brasil las Asambleas de Dios era la denominación que más me invitaba, y muchas iglesias afiliadas a ellos no permitían que se aplaudiera durante sus reuniones, ¡o por lo menos era así cuando yo visitaba Brasil! Muchas iglesias no aplaudían durante los servicios porque ciertas expresiones físicas como esa también las empleaban los santeros. Aplaudir era visto más como algo pagano y que no debía formar parte de la adoración a Dios. Entonces una vez me tocó ministrar en una iglesia que está en la Isla del Gobernador. Esta es una isla muy pequeña que queda al oeste de Río de Janeiro. La iglesia estaba a reventar y el pastor les pidió a los cientos de niños que estaban dentro que estuvieran quietos, porque Danny Berríos iba a cantar.

Cuando pasé al frente, inicié cantando *Él es Jehová* y automáticamente los niños comenzaron a aplaudir al ritmo de la canción. En eso se puso de pie el pastor y dice: "¡Para! ¡Para! ¡Para! ¡Detengan la música! ¡En esta iglesia no se aplaude y ustedes lo saben muy bien!". Y luego dijo: "Si ustedes dejan de aplaudir, ¡les prometo que dejo cantar a Danny Berríos!". Así que comenzó a sonar la canción una vez más y yo a cantar, pero vamos, ¡eran como 500 niños! ¿Cómo les impedías aplaudir? Así que los niños comenzaron a aplaudir de nuevo, pero a la vez con una sonrisa amplia porque en el fondo sabían que el pastor no los podía vencer. Y bueno, ya el pastor no hizo nada y me dejó cantar y a los niños aplaudir.

> Otra cosa curiosa que siempre noté en Brasil fue ver sobre las plataformas a infinidad de músicos.

Aunque parezca increíble, después del evento me dijeron que, debido a mi participación de esa vez, la iglesia se abrió a la posibilidad que durante los servicios se aplaudiera con libertad. Tanto así que el pastor nunca más protestó por eso ni porque los cantantes invitados motivaran a los hermanos a hacerlo.

Otra cosa curiosa que siempre noté en Brasil fue ver sobre las plataformas a infinidad de músicos. ¡Tipo orquesta sinfónica! Por esa época me contaron que abundaban los músicos en las iglesias porque en muchas de ellas, cuando alguien tocaba un instrumento, como requisito de servir debía enseñarle a otro cristiano a tocar un instrumento. Pero no estoy hablando de solo enseñar a tocar guitarra, bajo, teclado y batería, sino también oboe, trompeta, clarinete, violín, viola, chelo, ¡instrumentos de sinfónica! En parte también por eso me encantaba viajar a Brasil, porque era una exquisitez disfrutar de su música. Y si yo me quedaba con la boca abierta ante los músicos, ¡qué impresionante era ver coros de 200 o 300 integrantes! ¡Era increíble oírlos cantar!

Debido a este gusto por la música orquestal que cultivé gracias a mis hermanos brasileños, un sueño que tengo es grabar un álbum con doce o quince canciones de forma orquestal. Es más, me gustaría que ese fuera mi álbum cúspide, con el que yo finalice mi carrera musical. Como he dicho, Brasil ha sido un país muy importante en mi ministerio. Si yo comencé a cantar en 1980, a mediados de los 80's ya estaba viajando mucho a ese gran país. Fue por las canciones de compositores brasileños que resurgí allá por el año 2000. Francamente, cuando comencé a viajar no sabía cuán importante iba a convertirse ese país y su gente para mi música.

### El Shaddai ♪

*El Shaddai, el Shaddai,*
*El-elyon na Adonai,*
*siglo en siglo es igual,*
*tu poder y tu majestad.*
*El Shaddai, el Shaddai,*
*erkamka na Adonai,*
*te alabaré y te exalsaré,*
*el Shaddai.*

*Con tu amor y tu piedad*
*salvaste al hijo de Abraham.*
*Con tu diestra el mar se abrió*
*y tu pueblo en seco caminó,*

*La mujer judía que pecó,*
*tu amor la perdonó*
*y la libertad tu pueblo recibió.*

*El Shaddai, el Shaddai,*
*El-elyon na Adonai,*
*siglo en siglo es igual,*
*tu poder y tu majestad.*

*El Shaddai, el Shaddai,*
*erkamka na Adonai,*
*te alabaré y te exaltaré,*
*el Shaddai.*

*Tantos años que se habló*
*de la venida del Señor,*
*la gente no quisieron ver*
*ni al Mesías comprender.*
*En su Palabra estaba el plan,*
*pero no pudieron entender,*
*y su obra se terminó,*
*cuando su Hijo expiró.*

# CAPÍTULO 4

# Juntos venceremos

*No hay infierno que nos venza, si juntos trabajamos.
Siempre que haya amor, ¡venceremos!*

Juntos venceremos fue grabada por el mismo intér-
prete de *Gloria a Dios*, Russ Taff. Y es otra que
también me impactó por la tremenda afirmación
que hace: *"no hay infierno que nos venza si juntos trabajamos"*. Conocí la canción en 1984, cuando Taff y su
banda llegaron a TBN a grabarla para un programa.

La década de 1980 fue la época en que yo me di
a conocer. Fueron años muy especiales porque en ese
tiempo no existía Facebook, Instagram ni las redes
sociales que conocemos, sino que los conciertos se
daban dentro de las iglesias de cada país y el único
medio con que contábamos para dar a conocer la
música eran las emisoras de radio y, en menor medida,
la televisión. Pero algo que me impulsó muchísimo fue
que viajé por casi diez años con el evangelista Yiye
Ávila, de quien ya voy a hablar. Este gran hombre

abarrotaba cada estadio con 50 mil o 60 mil personas, y yo cantaba delante de esa inmensidad de gente.

Canté con Yiye Ávila hasta 1991. Lo dejé de hacer porque las invitaciones a los lugares eran tantas que no daba abasto. No solo canté en las campañas de Yiye, también en las de Luis Palau, Alberto Mottesi, Jorge Raskie. Incluso a finales de los 80's canté con Jimmy Swaggart. Esta campaña fue en Managua, Nicaragua. En esa época Swaggart era un evangelista de talla mundial, al grado que cuando regresamos había cámaras de televisión esperándonos en el aeropuerto. Ese día que aterrizamos en EE.UU. estalló el escándalo que derrumbó su ministerio. Yo estaba emocionado de haber viajado a Managua a ministrar con él. Con su equipo estábamos planificando que lo seguiría acompañando en sus eventos en Latinoamérica durante el siguiente año; pero la alegría duró muy poco.

También recuerdo que a inicios de los 90's me invitaron a ministrar en Perú. No lo olvido porque ese año fue el Mundial de Fútbol. Este último evento fue pequeño, con apenas 500 personas, pero con la peculiaridad de que las primeras dos filas estaban ocupadas por el gabinete en pleno del entonces presidente Alberto Fujimori. ¡Imagine eso!

A pesar de tantas invitaciones y de las personalidades cristianas con quienes ministré durante todos esos años, mi afinidad con Yiye Ávila era especial. Mi padre y él fueron grandes amigos. Pocos meses antes de morir en 1985, mi papá le dijo a Yiye: "Yo estoy casi por irme con el Señor y me preocupa mucho Danny.

Por favor, hazte cargo de él. Solo necesito saber que estará en buenas manos".

Fue por ese motivo que Yiye Ávila siempre me tomaba en cuenta para sus campañas. Mientras unos tardaban años en darse a conocer, para mí fue bastante rápido debido a este gran mentor.

En el año 1984 vino a Miami Beach el evangelista argentino Carlos Annacondia, y realizó una cruzada de 4 días. Yo ministré todos los días de esa campaña, pero el último día Carlos me dijo: "¡Quiero llevarte conmigo a Argentina!". No concretamos mi viaje hasta 1986, en que estuve ministrando allá por 45 días. Es que generalmente sus campañas duraban alrededor de un mes. Él y su equipo seleccionaban una locación, escogían un predio y entonces iniciaban las cruzadas de un mes, donde lograban congregar hasta más de 70 mil personas.

Esa vez que fui con Carlos Annacondia estuve en una cruzada completa y durante la mitad de otra. Ahí presencié un gran avivamiento; personalmente me llamó la atención el porqué sucedía todo esto en Argentina precisamente. Así que, durante mi vuelo de nueve horas hasta allá, le preguntaba al Señor: *¿Por qué Argentina? ¿Por qué no Estados Unidos u otro país?* Cuando me bajé del avión, me llevaron directamente a una iglesia que habían convertido en un inmenso comedor. Ahí estaban reunidos como setenta pastores de todas las denominaciones: bautistas, pentecostales, presbiterianos, etc., los cuales testificaban de cómo el avivamiento les estaba ayudando a que sus pequeñas congregaciones crecieran. Y no solo eso, sino que las personas que se sumaban a sus iglesias experimentaran cambios permanentes en sus vidas. Cada pastor testificaba lo mismo, y a medida que cada uno hablaba, el resto de los pastores aplaudían y decían: "¡Gloria a Dios!".

Al final hicieron un gran círculo, se tomaron de las manos y comenzaron a orar con fervor. Pocas veces he visto a pastores orar así, con tanto ardor; clamaban e intercedían con pasión. Decían: "¡Toca las almas Señor! ¡Toca los corazones!". Mientras yo presenciaba esta extraordinaria escena, sentí que el Señor me dijo: *¡Abre los ojos! ¿Te acuerdas de la pregunta que me hiciste en el avión? ¡Ahí está tu respuesta! ¡Todos oran en unidad!*

Cuando estamos verdaderamente unidos, Dios se siente atraído a bendecir esas reuniones. Esos pastores oraban y en ningún momento hubo envidias ni discordias. Ellos estaban por iniciar la cruzada junto con Carlos Annacondia en un solo sentir. Y bueno, como era de esperar, ocurrían miles de conversiones y sanidades. Tengo la impresión de que si Dios no aviva las ciudades se debe a que como cristianos estamos divididos. Es más, si yo intentara juntar 70 pastores de ciertas localidades para encerrarlos en un salón a orar, no vendrían. Y si vinieran, no querrían entrar al salón. Por eso, *Juntos venceremos* trata de la unidad; ese viaje a Argentina me confirmó lo que la letra dice: *"no hay infierno que nos venza si juntos trabajamos, siempre que hay amor... venceremos".*

## Bajo la tutela de Yiye Ávila

Como dije, mi relación con Yiye Ávila comenzó desde mi papá. Ambos fueron grandísimos amigos. Mi papá era de Guayabo y Yiye de Camuy, Puerto Rico. Es decir, vivían relativamente cerca y, por eso, siempre se mantuvieron en contacto. Cuando mi papá llegaba a Puerto Rico, se iba a Camuy a visitarlo a su casa. Una de las cosas que caracterizó a Yiye fue su pasión por la oración. Él pasaba mucho tiempo orando. Tanto así que si tú querías tener una cita para conversar con él sobre algún tema, antes de hablar tenías que pasar un tiempo de oración juntos. Era hasta que oraban que te concedía sentarse a conversar. Es más, luego de hablar un rato, volvías a orar, y después de haber orado otra vez podías seguir conversando. Él siempre fue así y mi papá lo sabía. Por eso, cuando mi papá lo visitaba allá por la década de los 70's, antes de sentarse a charlar pasaban algunas horas orando.

En 1985, un tiempo antes de que mi papá enfermara y que su salud comenzara a decaer, él habló con Yiye y le pidió que me acogiera. Se lo pidió porque era su más grande amigo en el ministerio, pero también porque a mi papá le preocupaba las dificultades que yo podría enfrentar en el futuro. Le dijo: "¡Aunque sea llámalo de vez en cuando, Yiye! ¡Vela por su salud espiritual y no lo dejes solo!". Eso sí, nunca le dijo que me ayudara con dinero, solo que cuidara mi alma. Ya vamos a ver por qué menciono este detalle.

Así que después de esa conversación entre mi papá y Yiye, él comenzó a cumplir su promesa de ayudarme aún sin que mi padre muriera todavía. Comenzó a echarme la mano desde que ellos dos colgaron el teléfono. No solo me llamaba y se preocupaba por mí, sino que me puso como cantante principal dentro de sus campañas evangelísticas a nivel continental.

> Desde la primera vez que canté en una campaña, él vio que Dios me usaba, y me dijo: "Eres bienvenido en todas mis cruzadas, ¡en todas!". Así que no exagero si te digo que yo acompañé a Yiye Ávila en la década de oro de su ministerio.

Como era de esperar, esto me abrió muchísimas puertas. Aún me acuerdo de la primera cruzada que lo acompañé. Fue en el Auditorio Olímpico de Los Ángeles, California. Ya me había casado y tenía mi primer bebé. Conduje hasta el lugar del evento y llené mi Van con cuanta caja de casetes pude. A esas alturas solo tenía el primero y el segundo álbum; ¡hoy tengo como 30!, pero en ese entonces solo contaba con dos producciones. Así que llené la Van de casetes y viajé por tres días de Miami hasta Los Ángeles. Estuve tres semanas en esa ciudad y me fue muy bien con las ventas.

Las personas no saben esto, pero eso de que mi papá no le mencionara a Yiye Ávila el asunto del dinero, ¡lo tomó bien literal! Yo canté en cuanta campaña tuvo y nunca me dio un centavo. ¡Nunca! No lo digo como queja, simplemente esa fue la realidad. No me dio ni para mis gastos más esenciales. ¡Nada! Yo mantenía a mi familia solo con las ventas de mis álbumes. Eso sí, aunque en sus cruzadas participaban muchos cantantes, por la amistad de mi papá, Yiye me asignaba el espacio musical más importante del evento. ¿Cuál era ese? El instante antes de que él pasara a predicar.

Desde la primera vez que canté en una campaña, él vio que Dios me usaba, y me dijo: "Eres bienvenido en todas mis cruzadas, ¡en todas!". Así que no exagero si te digo que yo acompañé a Yiye Ávila en la década de oro de su ministerio. Es que Dios lo usaba muchísimo. Los estadios no daban abasto. ¡Fue tremendo lo que Dios hizo a través de este hombre! Francamente, él me ayudó a crecer como cristiano y como cantante para las naciones. Y sí, es cierto, él nunca me dio una ofrenda, pero a veces, en tres semanas de viajar con él, vendía hasta 15 mil dólares en casetes de audio. Entonces, aunque no me daba nada, Dios me bendecía por medio de la música que vendía.

Ahora, ¿qué hacía yo con todo ese dinero? Entre otras cosas, ayudar a mis padres. Una vez que regresé de esas primeras campañas con Yiye Ávila y mi papá todavía estaba con vida, fui a visitarlo, y me dijo alarmado: "Danny, hay un hermano en la iglesia que tiene una casa y están por quitársela porque lleva ocho meses de atraso en los pagos. Me dijo que si yo le ayudaba a ponerle la casa al día, me la dejaba a mí para que yo pague el resto de la deuda". En eso mi papá suspiró, y dijo: "¡Si tan solo tuviera los dos mil dólares que se necesitan!".

Resulta que para terminar de pagar esa casa solo faltaban cinco años y era una casa preciosa. Como vi que mi papá no quería desperdiciar esa oportunidad y yo traía un rollo de billetes de 100 dólares en el bolsillo después de regresar de una campaña, saqué el dinero y comencé a contar. "¡Toma papá!", le dije. Y él con los ojos como platos: "¡Muchacho! ¡De dónde sacaste ese dinero!". "El Señor me bendijo, papá", le respondí. "El Señor me bendijo. Toma esto como mis diezmos y úsalo para lo que mejor creas conveniente".

Esa expresión de la cara de mi papá jamás la voy a olvidar; la tengo impresa en mi mente. Él estaba tan sorprendido y muy feliz de que me estuviera comenzando a ir bien con Yiye Ávila. Recuerdo que cuando mi papá murió, al tiempo mi mamá se atrasó con los pagos de esa propiedad y le llegó una carta de embargo donde le avisaban que la casa se iba a subastar. Mi mamá me fue a buscar y se puso a llorar: "¡Mijo! ¡Es la única propiedad que tenemos de tu papá! ¡La voy a perder!". "¡No te preocupes mamá!", le dije. En ese momento saqué 1,600 dólares —que era lo que se debía— y contactamos al abogado para que cesaran el embargo.

Realmente era un poquito más de dinero debido a los gastos legales, pero si yo tenía alguna abundancia aprovechaba para bendecir a mis papás. Y no solo a ellos, a otros más, pero mis papás hicieron muchísimo por mí durante toda mi vida y esta era una pequeña forma de devolverles lo especial que habían sido conmigo.

## LA OFRENDA DE YIYE

Cuando tú formabas parte del equipo de Yiye Ávila y viajabas con él, tenías que dormir en la misma casa que conseguían para hospedarse. Que yo sepa, nunca se hospedaron en hoteles; preferían pedir una casa con muchos dormitorios y entonces instalar una base de operaciones durante los días que estarían en la ciudad. A veces eran campañas de tres semanas. Todo su equipo eran prácticamente sus empleados; solo yo no era su empleado. Así que, además de mentorearme a petición de mi papá, él había planeado que me hospedara con todo su equipo. Pero, francamente, lo hice pocas veces. Él ayunaba mucho y había ocasiones que lo hacía durante toda la campaña; se nutría a puros jugos naturales. Y si él estaba ayunando, ¡todos en la casa tenían que ayunar! Así que todo el equipo se hacía "vegano obligado" a causa de trabajar con él.

Muchos tampoco saben que Yiye Ávila siempre viajaba con un set de pesas de levantamiento. Lo que sucedía era que Yiye Ávila, antes de convertirse a Cristo, fue un gran atleta; había sido un fisiculturista y levantador de pesas muy reconocido, que ganó muchos campeonatos en Puerto Rico. ¡Incluso fue Míster Puerto Rico! Luego de muchos éxitos, le dio una enfermedad muscular que casi lo mata. Fue ahí donde clamó a Dios y lo sanó, entonces decidió dedicarse al ministerio.

El asunto es que ese set de pesas lo llevaba en una maleta que pesaba como doscientas libras. Es más, debido a esa maleta, Yiye tenía que pagar extra en todas las aerolíneas. ¡Era increíble lo que pagaba de equipaje! Ahora, ¿quién crees que cargaba la maleta con las pesas? ¡Claro! ¡El que estaba mejor comido y que no solo tomaba jugos! O sea, ¡yo! Incluso, como al llegar a una ciudad él no tenía tiempo para inscribirse en un gimnasio local, yo me ocupaba de ordenarle las pesas y montarle un mini gimnasio en donde nos hospedábamos.

Un día, mientras estaba instalándole el pequeño gimnasio, él se sentó en posición para levantar pesas y fortalecer sus brazos, y me pidió que se las pasara. De repente, porque aun comiendo carne yo no era tan fuerte como él, me costó levantarlas, así que a tropezones se las intenté ubicar sobre sus manos, pero se me resbalaron. Yiye se fue hacia atrás y las pesas le quedaron sobre el cuello. Cuando estaba a punto de caerse al piso, logré sujetarlas y ayudarlo a posicionarse otra vez. ¡Qué pena sentí! ¡Fue mi culpa! Pero conocí el lado humano de Yiye Ávila y no solo el lado sobrenatural de predicador y de hombre de oración que todos conocían en las campañas y la televisión.

Yiye era muy disciplinado. Él comía y comía muy bien. Era muy correcto en su forma de alimentarse. Por ejemplo, no tomaba café. ¡Qué va! No solo no lo tomaba, sino que decía que la cafeína era diabólica por lo adictiva que era. Lo escuchabas predicar con su tono de voz característico: "Las personas que toman café, ¡están atados por el demonio del café!". Detrás de esa radicalidad había un hombre sumamente ordenado, correcto y disciplinado.

Cada día de campaña terminábamos a la medianoche y llegábamos a casa a la una de la madrugaba, y a las 5 de la mañana Yiye iba cuarto por cuarto a despertarnos a todos para ir a orar. Cuando llegaba al mío, tocaba, y al abrir cantaba con acento puertorriqueño: "El Chadai, El Chadai". Una vez que no le abrí, sino que me quedé dormido, entró, y él de pie y yo acostado me cantó al oído: "¡El Chadai! ¡El Chadai!", y así me despertó para que lo acompañara a orar.

Orábamos desde las 5 hasta las 8 de la mañana. ¡Tres horas enteras de oración! Pero la verdad es que cuando yo me arrodillaba, primero pasaba dos horas dormido, porque tenía demasiado sueño, y luego oraba como un ser humano normal. Claro, según yo nadie conocía mi secreto, pero Yiye lo sabía. Aun así, era muy compasivo conmigo.

Una vez se lo confesé. Cuando tocó la puerta a las 5 de la mañana, abrí y le dije: "¡Yiye! ¡Yo tengo mucho sueño! ¿De qué me sirve levantarme si yo caigo de rodillas para dormir?". Y con un tono afable me dijo: "Danny, aun así, yo prefiero verte dormido arrodillado que dormido en tu cama". Me lo dijo en un tono tan paternal que me conmovió. Es que quienes no lo conocieron de cerca no saben que él era un hombre sumamente compasivo, por más duro que aparentara ser en su predicación. Yiye destilaba un amor y un afecto hacia todos que te hacía verlo como un padre.

Como estudié parte de la carrera de comunicaciones y sabía de radio y televisión, resulta que el ministerio de Yiye Ávila compró equipos profesionales para comenzar a grabar sus campañas en video. Entonces, una vez en Panamá, me enteré de que les faltaba personal para manejar el equipo y hacerlo rendir. De inmediato le dije a Yiye: "¡No! ¡No busquen más! ¡Yo estudié algo de eso! ¡Aquí estoy!". En esa campaña en Panamá, además de cantar, dirigí las cámaras y, posteriormente, durante tres semanas edité los programas hasta finalizarlos. Cuando terminé se los entregué en las manos a Yiye para que viera mi trabajo. Cuando lo vio, me dijo: "¡No sabía que tú tenías madera para esto!". "¡Ah!", le contesté, "¡es que tú nunca preguntaste! Pero... ahora ya lo sabes".

Aunque no hice ese trabajo por una paga, de repente vi que sacó un paquete grueso de dólares, y al verlo pensé: "¡Qué montón de dinero!". No, falsa alarma, eran billetes de un dólar. Cuando los terminé de contar sumaban 300 dólares. Me los dio como ofrenda. Esa fue la única vez que me dio dinero. Como dije, Yiye nunca me dio una ofrenda por cantar durante sus campañas, pero para mí sería imposible negar su influencia sobre mi vida y cuánto catapultó mi ministerio por haberlo acompañado por casi diez años.

### Juntos venceremos ♪
A veces es difícil, difícil de entender
porque nos apartamos de nuestro hermano.
Aun cuando el mismo camino andamos,
hay una pared que está alejando
a mi hermano de mí.

Pero a mí no me importa de qué
parte del mundo tú seas,
si tú crees en Jesucristo, tú
eres mi hermano, sí.
El amor que nos une, es lo
que quiero ver en ti
y juntos triunfaremos y todo
el mundo verá, sí, verá.

### Coro:
Tú eres mi hermano y mi hermana
tomados de la mano,
juntos caminaremos hasta que
él nos venga a buscar.
No hay infierno que nos venza,
si juntos trabajamos.
Siempre que haya amor, ¡venceremos!

El día viene cuando seremos uno
y en una grande voz todos
juntos proclamaremos
que Cristo, que Jesucristo es Rey.
Se oirá en toda la Tierra,

*temblarán las naciones*
*y todo el mundo verá, sí, verá que…*

Mi primer concierto en el Miami Auditórium, 1982.

Cruzada en Guatemala con mi papá.1982.

Junto a
Yiye Ávila.

Junto a otros destacados salmistas en Puerto Rico, 2004.

Con Alberto Mottesi, en Santa Rosa de Copán,
San Salvador.

Con la Torá, en Jerusalén.

En San Salvador, 1992.

Estadio Flor Blanca, San Salvador, 1984.

Con mi esposa Alma.

Junto a Díaz-Pabón en Encuentros de Bendición, 2017

# CAPÍTULO 5

# TODO ES POSIBLE

*Si lo crees, las montañas moverás.*
*Si solo crees, su gloria descenderá.*
*Si solo crees, verás milagros en tu vida.*
*Si solo crees, la victoria Él te dará.*

**T**odo *es posible* es de mi álbum más reciente. Una canción que habla sobre la sanidad; me recuerda todo lo que viví a la par de Yiye Ávila durante casi una década ministrando con él. Es que durante ese período veía milagros tan poderosos que decía: *¿Cómo puede ser posible esto?* Por ejemplo, una persona cuadripléjica. Una persona así no siente sus extremidades, y de repente, ¡Dios la restauraba! Se ponía en pie y comenzaba a caminar como si no tuviera nada. Ante milagros así yo me preguntaba: *¿Cómo es posible?*

Durante toda esa década con Yiye vi cientos de personas levantarse y no volver a sus sillas de ruedas. Claro, menciono este tipo de padecimientos porque eran los más sorprendentes; todos los podíamos ver andar y era imposible negar que se habían sanado. Durante esa década vi a personas que les sanó la córnea, el tímpano, de úlceras, etc. Recuerdo que en Panamá, en un estadio de béisbol, se corrió la voz por la ciudad de que había un hombre que Dios estaba usando para hacer sanidades. A tal grado fue la expectativa que se creó que la gente fue a sacar a sus familiares de los hospitales para llevarlos a la cruzada. No exagero si digo que el estadio parecía un hospital ambulante con sillas de ruedas por todas partes y camillas alrededor.

> Estaba cantando delante de papá, el hombre que había hecho tanto por mí y que me había acompañado desde el inicio de mi ministerio.

Una de las noches llegó un hombre moribundo. Era pura piel y hueso. ¡Totalmente desnutrido! Ya lo habían desahuciado y pesaba como 50 libras. Su familia lo llevó como un último intento de hacer algo por él porque sabían que era imposible que por otro medio se salvara. Como yo siempre estaba en todo el servicio, es decir, no solo llegaba a cantar y me iba, me fijé en este hombre desde el momento que subí a la plataforma. El asunto es que al final del servicio, cuando Yiye Ávila estaba orando, el hombre brincó como un resorte. En un instante estaba postrado y en otro completamente sano. El hombre comenzó a gritar y a alabar a Dios. Se quitó todos las sondas y cosas que llevaba encima

¡y cómo celebraba! Igual que el paralítico de la puerta La Hermosa que describe que Pedro y Juan sanaron. Nunca había visto nada igual. Por eso creo en el poder de Dios, porque lo vi en acción, desde la primera fila.

Por todo lo que acabo de relatar, *Todo es posible* es una canción para motivar a otros a que crean que nada limita al Señor. Él abrió el Mar Rojo con su poder y puede hacer milagros otra vez. Para el Señor no importa el diagnóstico médico ni la enfermedad. No importa nada, porque para Dios ¡todo es posible!

## CONCIERTO PRIVADO PARA PAPÁ

Había comenzado a cantar en las campañas de Yiye Ávila un tiempo antes de que papá falleciera, y no pasaron muchos meses cuando su salud comenzó a decaer. Una vez que regresé de una cruzada en Chile, mi papá estaba hospitalizado; fui a visitarlo al aterrizar. Cuando entré a la habitación, ahí estaba mamá; se le notaba en el rostro cuán exhausta estaba. Ella llevaba varios días a su lado acompañándolo fielmente. En ese momento le dije: "Mamá, ve a descansar a casa, ¿sí? Yo te relevo hoy y cuido a papá".

Esa noche la pasé con él, me senté en una silla a la par de su cama y lo acompañé. El asunto es que unas horas después, de repente, la cama se estremeció y me asusté mucho. Papá estaba en sus últimos momentos; cuando se estremeció me agarró por el brazo con mucha fuerza y me miró a los ojos con una mirada que yo conocía. Él estaba tan cansado que no podía hablar, además de que tenía unos tubos que le daban oxígeno. Pero yo conocía esa mirada, era la que ponía cuando deseaba que le cantara su canción favorita. A él siempre le encantó *Gloria a Dios*, de mi primer álbum. Así que lo hice, lo complací y comencé a cantar en un tono bajito.

En un instante me dejó de importar que estuviera en un hospital, y elevé un poquito más la voz sin pensar en quién me estuviera oyendo. Estaba cantando delante de papá, el hombre que había hecho tanto por mí y que me había acompañado desde el inicio de mi ministerio. Claro, no estábamos solos en la habitación. El cuarto tenía cuatro camas que estaban separadas por cortinas que a su vez hacían que fueran cuatro compartimentos. Estábamos papá y yo, pero en la habitación había tres pacientes más. A pesar de eso, seguí cantando como si nada, pero cada vez alzando más mi voz. Es que, francamente, me sentía inspirado; papá me pidió que le cantara y a medida que lo hacía, ¡no sé cómo describirlo!, pero sentí una inspiración sobrenatural dentro de mí. Era la presencia de Dios que nos estaba visitando. Solo de recordarlo, la piel se me eriza y siento una emoción muy especial. Mientras seguía cantando, veía las lágrimas de papá brotando de sus ojos y eso me conmovió aún más y yo también comencé a llorar sin dejar de cantar.

Ambos estábamos absortos, adorando, derramando lágrimas; y yo cantando como si estuviera en el auditorio de una iglesia. ¡A viva voz!

En eso me acordé de que estaba violando las reglas del hospital, porque todo lo que hablaras ahí tenías que hacerlo en voz baja. Así decía el reglamento interno. Por eso, me asusté un poco y fui bajando la voz hasta terminar de cantarle a papá. Para despabilarme me levanté del asiento, y cuando lo hice comencé a secarme las lágrimas mientras movía levemente la cortina para salir. Cuando lo hice, noté que los tres pacientes de la habitación estaban despiertos y sentados sobre sus camas, llorando. No eran latinos, eran americanos que no hablaban nada de español, pero me habían escuchado cantar y Dios los había tocado profundamente. Mientras caminaba hacia fuera, me dio curiosidad saber qué les pasaba y le pregunté a uno qué le ocurría. Me dijo en inglés: "¡Yo no sé! Solo sé que siento algo muy especial que jamás en mi vida había sentido. Y todo comenzó cuando usted comenzó a cantar".

Lo que papá y yo sentimos esa noche dentro de las cortinas, estos hombres lo estaban sintiendo afuera.

Me despedí amablemente de todos, y cuando crucé la puerta había dos enfermeras llorando y sollozando. A una de ellas yo la había saludado antes de ingresar a la habitación y se veía muy bonita, muy arregladita y con su maquillaje bien puesto, pero cuando la vi afuera había lágrimas negras rodando por sus mejillas. Me miró y me dijo: "Yo me crie en un hogar cristiano y conozco esa canción que usted cantó en español. Mientras cantabas, me transporté a mi niñez y recordé todas esas cosas lindas que vivimos como familia. ¡Llevaba años sin sentir algo tan especial!".

Cuando la enfermera me estaba relatando eso, al fondo del pasillo vi que el médico de turno se levantó y se dirigió hacia mí. A medida que se acercaba, pensé: *¡Viene a regañarme por violar las reglas de hospital!* Pero no, a medida que se fue acercando noté que también tenía los ojos llorosos; con un tono amable me dijo: "Oiga, ¿usted sabe qué hora es y que está en un hospital? Pero no se preocupe". Se dio vuelta y se fue; así como las enfermeras, con lágrimas en el rostro.

Como yo había salido de la habitación, para darme un respiro caminé por los pasillos, y a los pocos minutos volví. Cuando me iba acercando a la habitación vi que un guardia de seguridad venía apresurado hacia mí, con una cara de espanto como pocas veces he visto. El sujeto se veía asustado, con la cara pálida y como si hubiera visto un fantasma. Cuando llegó frente a mí, me dijo alarmado: "¿Quién más estaba con usted allí adentro?". Le dije que solo estábamos mi papá y yo y los otros tres pacientes. "¿Está seguro?", insistió. "¿No había más personas dentro?". Le respondí que no. "Es que recibimos una llamada reportando que alguien estaba cantando en su habitación y quisimos ingresar en dos ocasiones, pero algo nos empujó hacia afuera y no pudimos. No veíamos a nadie, pero algo nos impidió entrar". Me dijo que cuando lo intentaron hacer por segunda vez alguien los empujó hacia el piso, y se espantaron tanto que huyeron.

Cuando escuché esto quedé muy sorprendido, pero a la vez pensé que Dios quiso tener un momento especial con papá y conmigo y que no quería que nadie nos interrumpiera. Fue una experiencia sumamente especial, un obsequio sobrenatural que Dios nos quiso regalar esa noche, porque dos días después, el 29 de febrero de 1985, mi papá murió. Ese día regresé a casa, fui a bañarme y me fui directo al hospital, solo para entrar y ver a mi papá cerrar los ojos e irse con el Señor.

## MI PAPÁ, MI AMIGO, MI CONSEJERO

Fui el menor de cinco hermanos. Cuando tienes tantos hermanos el trato de tus padres hacia ti no es exclusivo. Los padres con muchos hijos tienen que repartir su tiempo para atenderlos a todos y hacerlos sentir amados por igual. Así que cuando mi papá comenzó a tomarme en cuenta para sus campañas evangelísticas yo me sentía como su único hijo. Mi papá nos amó a todos, pero esos viajes junto a él me dieron una oportunidad insuperable para conocerlo profundamente. Aunque a mí me motivaba mucho hacer ministerio junto con él, aprovechaba cada viaje para charlar y conocerlo más. Ahí lo conocí como papá, como esposo, como hombre... como amigo. Todos mis hermanos conocieron a mi padre, pero no como yo.

Como hombre de Dios, mi papá conocía profundamente las Escrituras, y cuando de temas de doctrina se trataba, ¡teníamos tanto que hablar! Obviamente, no siempre coincidíamos en los mismos puntos de vida. Mi papá era muy, pero muy conservador. Por ejemplo, yo siempre usé cadenas de oro como adorno en mi cuello, y una pulsera en mi muñeca. Él me exhortaba mucho a no usarlos. Yo le decía: "¡Pero papá! Cuando de verdad estas cosas me quiten la unción, ¡te prometo que me las quito! Tu problema es que las ves como un obstáculo, yo las veo solo como un adorno". Por cierto, en una de esas charlas antes de morir me dijo: "¿Sabes, Danny? Una cosa que al fin pude entender es que como líder uno no está para controlar a la gente ni decirles qué deben y qué no deben hacer. Nuestra posición simplemente debe ser de orientación y confiar que el Espíritu Santo será el que redargüirá los corazones. Nuestro trabajo no es obligar a nadie, sino encaminarlos por el camino del bien".

A mí me pareció muy interesante su cambio de postura hacia estas cosas, porque mi papá, por ser muy amigo de Yiye Ávila, también le llamaba a la televisión "el cajón del Diablo". En varias cruzadas en que lo acompañé y que nos hospedábamos en algún hotel, cuando entrábamos y él veía que había una televisión dentro, se quitaba el cinturón y le daba latigazos. ¡En serio! Pero durante los últimos meses de su vida fue más benevolente y me confesó que temas como una cadena de oro, una pulsera o una televisión no eran temas de los que dependiera tu salvación y que no te irías al infierno por tenerlas. Ir a la playa, ir al cine, comer en ciertos restaurantes, etc., no eran caminos directos al infierno como él creyó por mucho tiempo; pero por esos años se enseñaba dogmáticamente que esas cosas podían condenarte eternamente.

Aunque a algunos les pueda sorprender, en aquella época había instrumentos musicales que eran considerados satánicos por las iglesias. Viví en un tiempo donde las iglesias permitían el piano, el órgano y la guitarra acústica, pero cuando se intentaba usar una guitarra eléctrica o una batería, ¡se armaba un escándalo! Aun así fui de los primeros cantantes cristianos que en sus álbumes empleó guitarra eléctrica y batería. Cuando me inicié en la música, los cantantes top eran Juan Romero y Manuel Bonilla, y sus grabaciones eran con los instrumentos que las iglesias aceptaban, no con los que podían generar controversia. Por eso, cuando yo grababa mis álbumes, sonaba muy distinto. Era música más completa, con sintetizadores, guitarra eléctrica, efectos y, por supuesto, batería.

Muchas iglesias no me aceptaron al principio y hubo pastores que no me dejaron entrar a sus congregaciones, por considerar que mi música era mundana. Por eso cuando quise grabar mi primer álbum me sorprendí de que papá me apoyara y hasta invirtiera económicamente en el proyecto. Él puso la mitad del dinero y yo la otra mitad. Recuerdo una vez que hablé con él y le expresé mi desilusión de que algunos pastores e iglesias me cerraran las puertas. Me dijo: "Danny, Dios te ha dado a ti una gracia muy especial, un estilo propio y como Él te lo dio, Él va a ser el que te respaldará. ¡Dales tiempo a los pastores!

Cuando ellos vean como Dios te usa y cuando vean tu desenvolvimiento ministerial, ya vas a ver, ¡te van a abrir las puertas poco a poco!".

¡Papá tuvo razón! Con el tiempo los pastores que me rechazaron me llamaron, se disculparon y hasta me invitaron a ministrar en un montón de lugares que nunca pensé que me aceptarían. Lo gracioso de todo esto es que en los 80's mi música era considerada demasiado moderna, pero ahora algunos la consideran demasiado vieja. ¡Cómo pasa el tiempo! Lo que en aquella época era escandaloso, ahora es música desfasada. Actualmente, en la iglesia se canta rock, pop, balada, salsa, merengue, ¡hasta reguetón! Cuando yo escuché la primera canción de reguetón en la radio cristiana, se me dibujó una sonrisa en la cara, y pensé: *¡Papá ha de estarse revolcando en su ataúd!*

¡Cómo cambian los tiempos!

**Todo es posible** ♪
*Todo es posible para el que cree,*
*pues nada es imposible para Él.*
*El Mar rojo abrió con su poder,*
*milagros Él hará, Él es fiel.*
*Solo confía en Él, solo espera*
*en Él y Él hará.*
**Coro:**
*Si lo crees, las montañas moverás.*
*Si solo crees, su gloria descenderá.*
*Si solo crees, verás milagros en tu vida.*
*Si solo crees, la victoria Él te dará.*

*Todo es posible para el que cree,*
*pues nada es imposible para Él.*
*El Mar rojo abrió con su poder,*
*milagros Él hará, Él es fiel.*
*Solo confía en Él, solo espera*
*en Él y Él hará.*

**Puente:**
*¡Nada es imposible! ¡Nada es imposible!*
*¡Nada es imposible para Él!*

# CAPÍTULO 6

# El rey te mandó a llamar

*Lo que era tuyo te devolveré,*
*voy a restituir lo que la vida te robó.*
*El último en la casa de Saúl ya no será más,*
*aquel a quien nadie le da valor*

Lo grandioso de la canción *El rey te mandó a llamar* es que a donde quiera que voy las personas se identifican con el personaje bíblico de Mefiboset. Según la Biblia, él fue un príncipe, hijo de Jonatán y nieto del rey Saúl; pero cuando el rey murió, tuvo que huir cargado en brazos porque aún era un bebé. Mientras lo cargaban y escapaban, lo dejaron caer y quedó lisiado de los pies. Desde entonces, vivió la vida como un parapléjico y en una inmensa pobreza.

La Biblia relata que un día llegaron preguntando por él: "¿Tú eres Mefiboset?". "Sí, soy yo", respondió. "El rey te manda a llamar", le dijeron. *¿El rey me manda a llamar a mí? ¡Si yo no he hecho nada!*, pensó Mefiboset. De seguro se asustó mucho, pero a partir de ese momento su vida cambió para siempre. Cuando llegó delante del rey David, este le dijo: "Fui amigo de tu padre y quiero devolverte todo lo que era de él para que ahora sea tuyo. ¡Y no solo eso! Quiero que vivas en mi casa y que comas en mi mesa". Fue así como aquel paralítico pasó de vestir harapos a vestir la ropa del rey. David le dijo: "¡Ya no te irás de delante de mí! ¡Vas a vivir conmigo toda tu vida!".

Muchas personas se identifican con esta canción porque hay quienes lo han perdido todo: casa, familia, matrimonio, empresas, negocios, etc. Y cuando escuchan la canción dicen: "¡hay esperanza para mí!". Cuando canto esta canción, le digo a la gente: "El arma que al enemigo más le gusta emplear es la desesperanza. Cuando él te lleva a perder la esperanza, eres capaz de cualquier cosa. ¡Incluso de quitarte la vida!". A veces hasta les relato la historia de Robin Williams, el comediante estadounidense. Era un gran actor, pero vivía con una depresión terrible. A nosotros nos hacía reír, pero él vivía sumergido en una gran tristeza. Era un hombre millonario y todo el mundo lo amaba, pero él se convenció de que nunca iba a superar su depresión. Su depresión fue tal que pensó: "¡Ya no quiero seguir viviendo!". Se puso una correa en el cuello y se ahorcó. Lo encontraron muerto en su dormitorio.

El enemigo va a buscar la manera de convencerte de que tú no tienes una razón para seguir viviendo, por eso trato de que esta canción concientice a todos sobre esta verdad: que el Rey también los mandó a llamar, que hay esperanza para todos. Y no solamente te mandó a llamar, no solamente te salvó; sino que te devolverá todo lo que el enemigo te robó y que era tuyo. El rey no le devolvió a Mefiboset las cosas porque era un buen rey, le devolvió lo que como príncipe le pertenecía y que había perdido. Así que cada vez que canto la canción aprovecho para ministrar sobre estas cosas, y la reacción de gente es increíble. Muchos que piensan que todo estaba perdido vuelven a sentir esperanza, les cambia el rostro y vuelven a sonreír otra vez.

> Grabo canciones cuando siento en mi corazón que van a impactar a las personas, pero esta superó mis expectativas. Soy el único cantante que la ha grabado, y me siento privilegiado por ello.

*El rey te mandó a llamar* la grabé en 2010; me la enviaron desde Brasil porque originalmente estaba en portugués. Como ya he relatado, mi tercer idioma es el portugués. Cuando recibí la canción, la puse en el auto de camino hacia la oficina y comencé a llorar al instante. Tuve que detenerme, estacionarme en la orilla de la carretera, y no fue hasta que me recuperé que continué conduciendo. El Señor me ministró profundamente dentro del auto. Así que enseguida contacté a la compañía disquera, la traduje y la canté en español.

Grabo canciones cuando siento en mi corazón que van a impactar a las personas, pero esta superó mis expectativas. Soy el único cantante que la ha grabado, y me siento privilegiado por ello. La gente se identifica con la letra porque muchos conocen esa historia bíblica y al oírla cantada la ven desde otra perspectiva. He cantado esta canción, incluso, donde hay minusválidos, donde hay desahuciados, y muchos me han dicho: "¡Usted estaba hablando de mí!", o también: "Mientras lo oía cantar me preguntaba cómo conoce usted mi historia y cómo sabe que me he sentido así".

Ahí es donde me doy cuenta de que las personas se identifican con la canción más de lo que me imagino y que Dios los toca con la Escritura. Hay personas que me han expresado que sentían que todo estaba perdido para ellos, pero luego de oírme cantar testifican de la esperanza que encontraron en Dios a través de *El rey te mandó a llamar*.

## CONSEJOS PARA QUIENES SON LLAMADOS

Hasta aquí me he centrado en relatar principalmente mis primeros años de ministerio. Lo he hecho porque he querido motivar a mis lectores a que encuentren su propio llamando en el Señor. Creo que así como el Rey me mandó a llamar a mí, ¡también te manda a llamar a ti! Obvio que nos manda a llamar para que vengamos a Él en arrepentimiento y fe para experimentar la salvación, pero también puede mandarte a llamar para que cumplas una misión especial con los dones y talentos que te ha dado.

Así como conmigo, Él también tiene un llamado particular para ti.

Es curioso, pero en eventos de literatura y música cristiana como Expolit, por ejemplo, los jóvenes se acercan a mí para obsequiarme su primera grabación. Muchos me saludan, y me dicen: "¡Danny, por favor, escucha mi álbum, y de paso dame un consejo para el ministerio". De inmediato les digo: "No necesito escuchar tu grabación para darte un consejo, pero gracias por dármela". Entonces aprovecho para brindarles algunas recomendaciones. Y son las que quiero compartir contigo, si sientes el llamado de Dios para servirle.

El primer consejo que podría darle a alguien es que se asegure que lo que siente no es solo emoción. El llamado no es un juego, el ministerio es algo serio y requiere mucho trabajo. Entonces, cuando tú decides responder al llamado del Rey debes saber que servirle no será fácil, y no es como decir: "¡Ah! ¡Quiero ser cantante!". Sino que tú, como siervo de Dios, debes pensar en lo que haces como un ministerio espiritual hacia las personas. No cantarás o servirás al Señor solo para entretener o porque simplemente te gusta. El llamado al ministerio es eso: un llamado. En el caso de la música no es cuestión de solo ser un cantante, es cuestión de ser un ministro. Personalmente me desagrada un poco cuando me llaman artista, porque, aunque lo soy por tener una vocación artística, soy más que eso, soy un ministro de música.

De manera que, si tú estás convencido de que Dios te ha llamado, ¡adelante! Y si Dios te llamó Él te va a respaldar. Te dará las herramientas, te proveerá lo económico, te rodeará de las personas adecuadas y de todo lo que necesites para ejercer tu ministerio. Esto no es cuestión de "¡me gusta cantar!", "¡creo que soy bueno para esto!" o "¡tengo el dinero para grabar!" ¡No! Pensar y actuar así es meterse a algo simplemente porque te gusta y porque nadie te puede detener. Pero eso no es un llamado. Muchos hacen lo que quieren, y como se les antoja cantar y grabar, entonces lo hacen. Pero el llamado es más que un capricho o un sueño de ser una estrella. Una cosa es que Dios te llame y otra que te llames a ti mismo. Por eso, la primera cosa que yo aconsejo es que si crees que Dios te llamó y estás seguro de ese llamado, actúa según esa certeza, y entonces, si realmente tienes un llamado, las puertas se irán abriendo ante ti.

El segundo consejo que yo le daría a alguien al que el Rey esté llamando es que no se desenfoque. Perder la visión es fácil, muy fácil. Me acuerdo de que al principio mi enfoque era establecerme como ministro, darme a conocer y conseguir notoriedad ministerial. Por eso descuidé mucho mi labor como esposo y como padre. Por ejemplo, tenía mis hijos en casa, que necesitaban más a papá. Ahora mis hijos ya son adultos, pero yo me perdí muchas cosas especiales de sus primeros años. Creo que jamás lo he confesado abiertamente, pero el hecho de no haberlos acompañado durante el tiempo que crecían a causa

de mis viajes es algo que hoy en día lamento profundamente y que a veces mi conciencia me recuerda.

Con lo que voy a decir no quiero desprestigiar el
legado de mi papá. Él fue un hombre de Dios y lo
amé con todo mi corazón; sin embargo, de una u
otra manera, ese fue el modelo que seguí, el de darle
prioridad al ministerio antes que a la familia; y si
por el evangelio hay que estar ausente, entonces hay
que estarlo. Pero ese no es el modelo bíblico. Como
ya relaté, mis papás no estuvieron conmigo durante
mis primeros años y eso me marcó mucho. Cuando
he hablado con mis hijos sobre este tema, me dicen:
"¡Papá, estamos bien! Nos amaste y nosotros te
amamos, ¡estate tranquilo!". Pero eso no cambia el
hecho de que en ciertos períodos de mi vida familiar
estuve ausente. Ahora soy abuelo, y lo que no hice con
mis hijos, lo hago con mi nieta. ¡Me he desbocado en
amor por ella! Quizá es mi forma de restituir lo que
no fui como padre.

Gracias a Dios que volví en sí, recapacité y me
reenfoqué. Pero si vas a entrar al ministerio, sea
cualquiera que sea, ¡por favor!, ¡no te desenfoques! Tus
prioridades deberían ser: Dios, familia y ministerio.
¡Primero la familia antes que el ministerio! Tu
principal ministerio es la familia. Tu ministerio debe
estar detrás de tu hogar. ¿De qué te sirve que todos
te conozcan, pero no te conocen los de tu casa? ¿De
qué te sirve ganar para Cristo al mundo entero, pero
tu familia se pierde? ¡No sirve de nada! La familia
es fundamental y a mí me costó mucho comprender

eso. Es más, si llegas a desenfocarte, puede que no solo pierdas tu familia, sino también tu ministerio. Hay personas que perdieron la visión, y la fama y el mundo los atrajo tanto que en la actualidad no están en el ministerio, no están en la iglesia y algunos ni siquiera quieren saber ya de Dios.

Mi tercer consejo sería: define el tipo de ministerio musical que desarrollarás. Este consejo es para quienes sienten el llamado de impactar a las personas con sus dones artísticos. Me refiero específicamente a dos tipos de ministerio musical; música de adoración congregacional y música de mensaje. Aunque ambos podrían catalogarse como lo mismo, con adoración congregacional me refiero a esas canciones de alabanza y adoración que todos cantan en las iglesias y que son muy especiales. Con música de mensaje me refiero a aquellas que más que ser cantadas por otros están más orientadas a brindarle un mensaje de reflexión al público, e incluso con un mensaje evangelístico.

Definir esto es importante, porque va a depender del tipo de canciones que escribas o que escojas para tus álbumes. Aunque podrías escoger ambas para un proyecto musical o para tus presentaciones, son dos enfoques muy distintos. La alabanza y adoración procura la participación de toda la congregación, mientras la de mensaje no necesariamente. En esta última su enfoque principal es hablarle al público para que reflexione sobre el tema que cantas. Esta es la música que he interpretado a lo largo de mi carrera.

La música congregacional, con letras más cortas y estrofas breves, invita a que todos participen cantando; adoradores como Juan Carlos Alvarado, Marcos Witt y Marco Barrientos llenaron el vacío que existía en la década de los 90's.

Las letras de quienes interpretamos canciones cuyo principal fin es dar un mensaje son más amplias y con más estrofas y, si quieres, no son tan fáciles de aprender como sucede con la alabanza y adoración.

Recuerdo esa década de los noventa, en que comenzó el énfasis en la alabanza y la adoración. Fue una época buena para los adoradores, aunque no tanto para los salmistas. Casi todos los conciertos se hacían entonces en vivo. La mayoría de los adoradores eran directores de alabanza de sus iglesias, que iban a un estadio, lo llenaban, y hacían adoración con la gente que estaba ahí presente, pero básicamente eran canciones de alabanza.

Los salmistas cantábamos canciones con estrofas; nuestro enfoque es predicar, nosotros predicamos mientras cantamos. El salmista graba canciones de historias bíblicas, es decir, pone las historias bíblicas en canciones. Están dirigidas a personas que están pasando por alguna prueba, por una crisis, y la canción viene a ministrarles.

Hoy los salmistas están otra vez en su momento, en que tenemos bastantes invitaciones, pero hubo ministerios de salmistas que en esa época la pasaron difícil. A mí lo que me ayudó fue que estuve cinco o seis años en Brasil. Iba dos y tres meses al año, y allí fue que aprendí el portugués, que es mi tercer idioma, de tanto oírlo, de tanto participar en eventos.

No existe división entre el salmista y el adorador, pero hay algo que creo el mismo pueblo cristiano ha implementado, y adonde hay un evento con adoradores no ves salmistas, y en los eventos donde participan salmistas no hay adoradores. Esta práctica comenzó en los 90'. Algo por lo que no se mezclan en los eventos es porque el adorador principal generalmente ocupa dos horas o dos horas y media, que es la mayor parte del programa. Como digo yo, todos tenemos el mismo jefe, pero cada uno en su función. Es algo que se ha mantenido así; es una ley no escrita, que está ahí.

Entonces, si tienes un llamado al ministerio musical, el tipo de canciones que incorporas a tus álbumes va a ser diferente según el enfoque de ministerio que quieras desarrollar.

El cuarto consejo que quiero brindar es: persevera. Si algo ha caracterizado mi ministerio es la perseverancia. Mi papá siempre me dijo: "El galardón es para quien termina la carrera, no para el que la comienza. Todos la comienzan, pero no todos la terminan. Danny, ¡tu galardón está al final! ¡Termina la carrera!".

Probablemente eso sea lo que más admiran quienes conocen mi ministerio, que he perseverado; en las buenas y en las malas, he seguido adelante. Llevo más de 35 años de ministerio y he visto cantantes venir y cantantes pasar, pero yo he permanecido en mi posición. ¡Y quiero seguir! Pero no solo seguir, sino seguir haciéndolo bien. Quiero que mi música se escuche, quiero que el mensaje llegue y quiero que Dios siga tocando vidas. Dios aún me sigue dando plataformas; aún me invitan a las iglesias y aún puedo hacer oír mi voz. Así que quiero seguir haciendo la voluntad de Dios.

Mi último consejo sería: ten mentores. Personas con quien hablar y de quien recibir consejos. En mi caso, hablé de dos de ellos: mi papá y de Yiye Ávila. Ellos siempre me arroparon y motivaron mucho; con su ejemplo y con sus palabras. Es más, yo ni tuve que buscarlos, ellos aparecieron en mi vida. Dios los trajo a mí, y viviré siempre agradecido con el Señor por ellos.

Entonces, que tengas consejeros alrededor tuyo; si por algún motivo te desenfocas, ellos te ayudarán a enderezar tus veredas. Claro, y cuando digan algo, ¡hazles caso! De nada sirve tener consejeros si no vas a acatar sus recomendaciones.

Obviamente, entre esos mentores que están a mi lado está mi esposa. Ella ha sido una gran bendición para mí. Me mantiene con los pies en la tierra y no deja alzarme en vuelo hacia donde mis caprichos podrían llevarme. Ella me trae equilibrio y me concientiza de mi papel. En el ministerio recibirás muchos, muchos elogios. Si solo escuchas los elogios, podrías enloquecer y hacer todo lo que se te antoje. Hay personas que solo conocen tu faceta ministerial y olvidan que también eres una persona de carne y hueso, que eres esposo y que eres papá y abuelo.

Los fines de semana soy un ministro internacional, pero de lunes a viernes soy lo que soy en mi familia, y a veces hasta me toca ir de compras y cocinar. Por lo tanto, rodéate de personas sabias y espiritualmente maduras, para que puedas desarrollar un ministerio aprobado delante del Señor.

### El Rey te mandó a llamar ♪
*David llamó a Siba y le preguntó:*
*"¿hay alguien de la casa de Saúl*
*quien yo pueda ayudar?*
*Recordándome del pacto*
*que hice con mi amigo Jonathan,*
*quiero hacer misericordia*
*honrando su amistad".*

*Y Siba le respondió: "Ah, existe uno,*
*mi señor, que habita en Lodebar,*
*tierra de tristeza y dolor, donde reina*
*la maldad, la miseria es realidad,*
*es una tierra sin sueños,*
*señor, lugar de pavor".*
*David pregunta a Siba:*
*"háblame más de este hombre,*
*por favor, ya díganme su nombre".*
*"Señor, se llama: Mefiboset,*
*más él no puede andar,*
*es inválido, señor,*
*no se puede ni arrastrar".*

*"Manda llamar a este hombre,*
*que con él yo quiero hablar",*
*dile a Mefiboset:*
*"el rey lo mandó a llamar".*
*Y mirándole a los ojos*
*le dijo estas palabras:*
*"Lo que era tuyo te devolveré,*
*voy a restituir lo que la vida te robó.*
*El último en la casa de Saúl*
*ya no será más aquel*
*a quien nadie le da valor".*

*"Vas a vivir en la casa del rey,*
*vas a comer en la mesa del rey.*
*Vas a vestir las ropas del rey,*
*vas a sentarte al lado del rey.*
*La miseria nunca más conocerás,*
*un adiós a Lodebar tú vas a dar.*
*Tu vida nunca más será igual,*
*el rey te mandó a llamar".*

*Lo que era tuyo te devolveré,*
*voy a restituir lo que la vida te robó.*
*El último en la casa de Saúl*
*ya no será más aquel*
*a quien nadie le da valor.*

*Vas a vivir en la casa del Rey,*
*vas a comer en la mesa del Rey.*
*Vas a vestir las ropas del Rey,*

vas a sentarte al lado del Rey.
La miseria nunca más conocerás,
un adiós a Lodebar tú vas a dar.
Tu vida nunca más será igual,
el Rey te mando a llamar.

Escucha bien lo que te digo:
el Rey te mandó a llamar.
Todo lo que el enemigo te robó,
hoy él te lo devuelve
al ciento por uno,
el Rey te mandó a llamar.

# CAPÍTULO 7

# Alaba
# a Dios

*Estás llorando, alaba.*
*En la prueba, alaba.*
*Estás sufriendo, alaba.*
*No importa, alaba,*
*¡Tu alabanza Él escuchará!*

omo relaté antes, la canción *Alaba a Dios*, que grabé en el año 2000, marcó un antes y un después en mi vida y ministerio. Resulta que entre 1999 y el 2000 hubo una transición en mi vida personal y ministerial. En el ministerio prácticamente recomencé todo. Aunque no sabía qué iba a suceder con el álbum *Dios cuida de mí*, el Señor me respaldó con la canción *Alaba a Dios* e *Himno de victoria*, convirtiéndolas en exitazos de la radio. Francamente, ambas canciones fueron un parteaguas. Se me abrieron infinidad de puertas, las invitaciones internacionales cayeron a raudales y desde entonces he venido grabando unas canciones preciosas en mis álbumes. Por esos años yo pensaba: *Ya estoy por entrar a la vejez, me dirijo hacia el ocaso de mi vida y es muy difícil que el auge de mis primeros años vuelva otra vez. ¡Todo se terminó! ¡Nadie más me va a volver a invitar!* Entonces, el éxito del álbum *Dios cuida de mí* fue la forma en que Dios me dijo: *¡Quiero que vuelvas a comenzar!*

Definitivamente, el año 2000 representó para mí un gran cambio.

Delante de muchos he sido un gran cantante; sin embargo, no saben que en su momento mi vida personal y familiar no reflejaba lo que yo era sobre las plataformas. A pesar de eso, Dios ha sido bueno conmigo y me ayudó a enfrentar la crisis y me dio el privilegio de volverme a casar con una hija de pastor que me ama enormemente. Alma ha sido de tremenda bendición para mí y lo único que puedo decir es que es una mujer excepcional. En esa época pensaba que todo había terminado, porque por esos años me divorcié; luego de un tiempo prudente, me volví a casar. A veces pienso que el rey David pudo haber experimentado el mismo tipo de cuestionamientos que yo me hacía, cuando él pecó con Betsabé... Lo que le pasó a David y lo que me pasó a mí fueron cosas diferentes; sin embargo, me refiero a que cuando él falló, pudo haber pensado lo mismo que yo pensé cuando me divorcié. Es decir, David pudo haber pensado: *¿Será el fin de mi llamado? ¿Será que aquí se acabaron los planes de Dios para mí?* Pero, después de la crisis, Dios aún tenía planes con David y metas que alcanzar con su vida. David clamó, Dios tuvo misericordia y le hizo experimentar su perdón.

Por esos años yo vivía en una paradoja. Oraba: "Señor, ¿cómo puede ser que yo haya sido tan exitoso musicalmente hablando, pero un verdadero fracaso en lo familiar?". Me frustraba mucho y me dolía meditar en el tema, pero el Señor fue fiel y me proveyó de buenos consejeros que me ayudaron a comprender que mis fracasos también los puede usar como plataforma para nuevos éxitos.

Mis problemas comenzaron desde 1995. Dios me usaba poderosamente en iglesias, en conciertos y hasta en campañas evangelísticas, pero al llegar a casa todo se estaba derrumbando. Por esa época, el pastor Luis Ángel Díaz-Pabón organizó una campaña, y después de esa actividad nos hicimos grandes amigos. Un tiempo después, cuando él se mudó a Miami, me acompañó durante el proceso de mi divorcio que, francamente, fue muy doloroso.

> Pero recibir la ayuda de Dios, experimentar el acompañamiento de buenos consejeros y decidir alabar a Dios como lo describe la canción, fue lo que me ayudó a seguir adelante.

Hoy en día le doy gracias a Dios porque usó al pastor Luis Ángel para hablarme, aconsejarme y motivarme a seguir adelante. Es difícil estar solo y atravesar un proceso así, pero no lo atravesé solo, tuve a un pastor que caminó a mi lado y pude continuar y recomenzar. Sin su ayuda, quizás no hubiera seguido cantando, o simplemente me hubiera ido al mundo a cantar música secular, puesto que nunca me faltaron propuestas en esa dirección. Por cierto, una cruzada memorable fue la hicimos junto al pastor Díaz-Pabón en el estadio olímpico Pachencho Romero, en Maracaibo, Venezuela, , donde vimos reunidas entre 50 mil a 60 mil personas; los organizadores trajeron hasta una sinfónica completa y su coro; hubo milagros increíbles ese día.

La crisis pudo haber sepultado mi ministerio, pero no lo hizo. ¡Perdí prácticamente lo que conseguí en 20 años! Pero recibir la ayuda de Dios, experimentar el acompañamiento de buenos consejeros y decidir alabar a Dios como lo describe la canción, fue lo que me ayudó a seguir adelante.

Cuando canto *Alaba a Dios* y veo que todos la cantan conmigo, estoy seguro de que ellos piensan en sus propios conflictos. ¡Y está bien! ¡Por eso incluí *Alaba a Dios* en *Dios cuida de mí*! Porque quería ayudar a los creyentes a cultivar un espíritu de alabanza, a pesar de que todo alrededor se estuviera derrumbando. La letra dice: *"Dios va al frente abriendo caminos, quebrando cadenas, sacando espinos. Manda a sus ángeles contigo a luchar, Él abre puertas, nadie puede cerrar"*. Así que cuando todos la cantan pensando en sus propios problemas, yo también lo hago junto con ellos, porque cuando pensé que todo había terminado para mí, Dios me ayudó a seguir adelante y a echarle ganas al ministerio. Por lo tanto, *Alaba a Dios* es una canción que me ayudó a experimentar el poder de la alabanza en medio de mis circunstancias.

Cuando me ven cantarla, la canto con todo mi corazón, porque es una canción que he vivido, sigo viviendo y seguiré viviéndola por el resto de mi vida.

## PREGUNTAS QUE ME SUELEN HACER

Casi siempre al final de mis conciertos, o después de haber cantado en alguna iglesia, las personas se acercan a conversar conmigo. Entre todas esas conversaciones que he sostenido, he notado un patrón: quieren saber sobre mí, mi familia, mis álbumes y hasta sobre cómo invitarme a sus iglesias. Así que intentaré ahondar en estos temas.

Creo que uno debe ser cordial con quienes se te acercan, porque muchos me han seguido por años y vienen para estrecharme la mano, darme un abrazo, y otros simplemente a admirarse... Algunos me ven como una especie de celebridad, y cuando me ven de frente se emocionan mucho. ¡Si supieran que soy tan humano como ellos! El asunto es que yo solo puedo estar algunos minutos al final de cada evento y saludar a las personas, pero muchos me han testificado que ese momento los ha cambiado para siempre. No me refiero al hecho de conocerme, sino de escucharlos y charlar, porque los hace sentirse especiales y amados.

He escuchado historias de cantantes que han herido los sentimientos de cristianos que se han acercado con una gran expectativa, y les han respondido con indiferencia. Creo que aunque uno esté muy cansado, a las personas se les debe mostrar aprecio y respeto, además de interés en lo que te cuentan.

Lo primero que la gente quiere saber es acerca de mis inicios y de mi llamado, pero de eso ya hablé.

Mi primer matrimonio duró dieciséis años, y de esa relación tuve tres maravillosos hijos. Mi segunda esposa se llama Alma, y con ella tuve una hija más. Así que tengo cuatro hijos. Por cierto, Alma y yo llevamos dieciocho años de casados. Además, ¡soy abuelo! Mi hija mayor tiene una niña, y esa niña es mi vida. Antes yo veía a los abuelos y pensaba que eran personas muy raras, pero cuando me convertí en uno, ¡me hice igual de extraño que ellos! Mi hija mayor fue tan especial conmigo que cuando dio a luz en el hospital, me dijo: "¡Papi, yo quiero que cuando salgamos del hospital seas tú quien lleve cargando a mi hija!". Fue su manera de honrarme, y cuando me la pusieron por primera vez en mis brazos, ¡qué puedo decir!, ¡me enamoré! Ese día, más que abuelo, me sentí un papá a la enésima potencia. ¡Nada me podía quitar la felicidad! Por eso, cuando estoy en casa, no es raro que yo me monte en el auto y me vaya a ver a mi nieta, para cuidarla y estar a su lado. Eso sí, en lugar de sentirme más viejo por el título de abuelo, me siento más vivo que nunca. Un sueño que tengo con mi nieta es convertirme en el mejor abuelo del mundo. ¡El mejor!

Otra cosa que me preguntan mucho es sobre mi agenda ministerial. Es que cuando se enteran de que tengo casi 60 años y más de 35 de ministerio, creen que uno es demasiado viejo para cantar, viajar o ir a ministrar. De los 52 fines de semana que tiene el año, yo viajo 45. Eso sí, estoy de vuelta en casa el lunes. ¿Qué países suelo visitar? ¡Todos los de Latinoamérica! Curiosamente, Centroamérica siempre me ha querido mucho. Visito cada país centroamericano tres veces por año. Generalmente ministro en iglesias, pero también en coliseos, estadios, teatros, palenques, etc. También visito mucho República Dominicana y Puerto Rico. A veces Alma y nuestra hija viajan conmigo. No tan seguido como quisiera, pero hay veces que yo viajo con ellas. En Estados Unidos, las ciudades que más visito son las de Texas, también Connecticut, New Jersey y New York. Siempre canto en español. Dios me llamó a ministrar en español.

Otra cosa que muchos me preguntan es sobre mis honorarios cuando voy a cantar. Esos varían un poco, pero como esposo y padre de familia tengo un presupuesto mensual que cubrir. Vivo en Miami, y esta no es una ciudad barata. Para algunas iglesias o para algunos pastores mis honorarios pueden resultarles altos. Pero soy un hombre responsable y las ofrendas que convenimos con las iglesias son en común acuerdo. Por años viajé a algunos lugares y nunca me dieron nada o me dieron muy poco. Mi ministerio es cantar, y aunque es un ministerio, también es la ocupación por medio de la cual llevo el pan a mi casa. Después de ver que mucha gente se aprovechó de mí, tuve que poner honorarios mínimos para proteger el presupuesto familiar y no regresar a casa con las manos vacías.

En cierta ocasión me invitaron a una iglesia, y lo que pasó ahí fue tremendo. La gente me trató con mucho cariño, cantaron con tal intensidad que casi se les salían los pulmones y Dios ministró de una manera impresionante. Cuando bajé, el pastor subió a pedir una ofrenda para mí. Dijo: "¡Hermanos! ¡Danny nos ha ministrado! ¿Por qué no recogemos una ofrenda generosa para bendecirlo a él, así como nos ha bendecido a nosotros?". Todo el mundo dijo: "¡Amén!", y cuando recogieron la ofrenda se veía cómo los billetes rebasaban los canastos. ¡Fue una cosa increíble! Era como 1.200 personas, y yo pensé: *¡La iglesia por lo menos recogió dos mil dólares!* Había tanto fervor mientras ofrendaban que yo quedé impresionado por tanto cariño y generosidad.

Cuando subí al auto con mi esposa para regresar a casa, le pedí a ella que abriera el sobre donde iba el cheque. ¿Cuánto me dieron? ¡100 dólares! ¡Nada más! ¿Dónde estaba la ofrenda que recogieron? ¿A dónde fue todo ese dinero? ¿Qué pasó con los canastos que rebosaban? El pastor usó de excusa de que la ofrenda sería para mí, pero fue para quedársela. Francamente me dio coraje y me sentí muy enojado; sin embargo, el malestar solo me duró unos segundos, porque recordé cuán bendecida se veía la gente mientras cantaba con ellos. A quien sí le afectó fue a mi esposa, a ella se le aguaron los ojos y se puso bastante triste. Es que, aunque nunca nos ha faltado nada, no significa que no tengamos compromisos o que no necesitemos dinero.

¿Por qué cuento todo esto? Porque muchos creyentes que han seguido mi ministerio no saben de esas malas experiencias y piensan que los cantantes que pedimos honorarios somos unos ladrones, o que vamos por las iglesias estafando a la gente. ¡Nada más falso que eso! Simplemente, cuando nos invitan, acordamos honorarios con el liderazgo y entonces viajamos a ministrar.

Nadie los obliga a darnos el dinero ni tampoco nosotros presionamos a que nos lo den, pero debido a que hubo pastores que me daban muy poco o que no me daban nada, tuve que proteger el presupuesto familiar. ¡Las veces que regresé a casa con los bolsillos vacíos! ¿Qué le decía a mi esposa cuando pasaba eso? ¿Qué justificación le daba? Teníamos hijos, teníamos que comer y que vestir. Una forma de ser responsable con mi familia fue establecer honorarios mínimos para ir a ministrar.

Por último, otra cosa que muchos suelen preguntar es sobre cómo escojo las canciones de mis álbumes. Básicamente me expongo a mucha música cristiana. Entre ella, álbumes que yo decido escuchar de otros idiomas, además de cientos de canciones que me suelen enviar. Entonces, si escucho una canción y me toca y me quebranta, es casi seguro que la voy a querer grabar. Si me emociona a mí o me hace llorar, muy probablemente lo hará con otros. Si a mí no me mueve ni un pelo, obvio que no lo hará con otros. Básicamente ese es el filtro. Si pasan esa prueba, entonces la aparto para una última prueba.

Esa última prueba es simplemente reunir todas esas canciones que yo las considero especiales y poco a poco voy depurando la lista. Es decir, puedo comenzar con 50 canciones, luego la reduzco a 40, a 30, y así hasta seleccionar las 10 mejores que entrarán al álbum. Sé que podría hacer 5 álbumes con esas 50 canciones, pero hacer eso sería una locura; trato de escoger las 10 mejores y esas incluirlas en una grabación.

Me gustan mucho las historias, los relatos bíblicos o de experiencias que puedan dar esperanza a la gente y motivarlas a una vida mejor en el Señor. En otras palabras, procuro canciones que contribuyan a la restauración de los demás. Muchos escogen las canciones por lo comercial, porque son pegajosas y porque saben que les generarán ganancias. La gente podría comprar tu música porque es buena, los emociona y hasta porque los hace bailar, pero una persona con problemas, que está necesitada espiritualmente, o que está atravesando una depresión, no busca eso. No busca música que solo le anime exteriormente, quiere algo más. Y ese algo más es un mensaje de esperanza que lo pueda sacar de su condición. Esta gente no busca música de moda, quiere letras que le hablen y puedan llenar el vacío de su corazón.

La música cristiana es diferente a la música secular. Quienes no conocen a Cristo, dicen: "¡Oye, escucha esta canción porque está bien buena!" o "¡Mira, deberías de oír esta porque te va a hacer bailar!". Pero entre cristianos no hablamos así, decimos: "Escucha esta canción porque te va a tocar, te va a bendecir, te va a ministrar, te va a hablar, te va a ayudar a entender tal o cual situación". La música cristiana existe para contribuir a la vida espiritual de las personas, no para divertirlas o hacerles pasar un buen rato. Existe para transformar vidas.

Hace poco, al finalizar un concierto, una señora se acercó a donde yo estaba y me contó su historia. Me dijo que ella estaba enferma de cáncer y que *Alaba a Dios* fue la canción que la sostuvo en su fe. Era la que le devolvía el ánimo y que la acompañó durante todo este proceso. Me dijo: "Danny, ¡yo no estuviera aquí si no hubiera sido porque Dios me motivó por medio de esa canción!". Oír estos testimonios es impresionante. Que te digan que tu música cambió sus vidas, que tu música los mantuvo vivos, que tu música era lo que los motivó a seguir, es mejor a que solo te digan: "¡Tu música se oye bien!", como sucede con la música secular.

A lo largo de los años me he dado cuenta que muchos van a mis conciertos, no solo para oír mi música, sino para buscarme al final y contarme sus testimonios. Van para estar aunque sea un minuto conmigo. Muchas veces, mientras se toman una foto conmigo, me relatan sus testimonios, y eso me bendice mucho. Es por eso que cuando termina un evento yo me voy al final del salón, a la mesa donde están vendiendo mis discos, y me quedo una hora para estar con la gente. Estoy hablando de hombres, mujeres, niños, ¡incluso matrimonios y familias enteras! Claro, a veces son demasiadas personas y debo retirarme a los pocos minutos. Eso sí, en mi corazón está siempre seguir tratando con las personas. En una ocasión una señora me contó que cuando estaban por intervenirla quirúrgicamente le ordenó al doctor: "¡Usted me opera, pero con música de fondo! ¡No me vaya a apagar la música de Danny Berríos mientras me mete el cuchillo!". Y así fue, el doctor la operó con un álbum mío sonando una y otra vez hasta terminar la operación.

Escuchar este tipo de cosas es de lo más gratificante de servir al Señor, y he ahí por qué me gusta hablar con los hermanos al final de cada evento.

### Alaba a Dios  ♪
*Dios no rechaza oración,*
*oración es alimento.*
*Nunca vi un justo sin respuesta*
*o quedar en sufrimiento.*

*Basta solamente esperar*
*lo que Dios irá a hacer,*
*cuando Él levanta sus manos*
*¡es hora de vencer!*

*Oh, alaba, simplemente alaba.*
*Estás llorando, alaba.*
*En la prueba, alaba.*
*Estás sufriendo, alaba.*
*No importa, alaba.*
*¡Tu alabanza Él escuchará!*

Dios va al frente abriendo camino,
quebrando cadenas, sacando espinas.
Manda a sus ángeles contigo a luchar,
Él abre puertas, nadie puede cerrar.

Él trabaja para los que confían,
camina contigo de noche y de día.
Levanta tus manos, tu victoria llegó.
Comienza a cantar y alaba a Dios,
alaba a Dios, alaba a Dios, alaba a Dios.

La gente necesita entender
lo que Dios está hablando.
Cuando él queda en silencio
es porque está trabajando.

Basta solamente esperar
lo que Dios irá a hacer,
cuando él extiende sus manos,
¡es hora de vencer!

# CAPÍTULO 8

# Himno de victoria

*Cuando tú estés frente al mar y lo tengas que atravesar,*
*llama a este Hombre con fe, solo Él abre el mar.*
*Hermano, no tengas temor si detrás viene faraón,*
*al otro lado tú pasarás y allí tú vas a*
*entonar: el himno de victoria.*

Himno de Victoria también está en el álbum *Dios cuida de mí*. Se esperaba que esta producción tuviese un par de éxitos en la Radio, éxitos que son los que empujan la venta del álbum. El asunto es que *Dios cuidad de mí* tuvo cinco canciones en el primer lugar, y otras tres fueron parte del Top 10 de las listas.

En este sentido, si tú tienes una buena canción, lo lograste, ¡ahora imagina que cinco canciones fuesen éxitos! Es más, aunque las canciones fueron traducciones del portugués, también fueron éxitos en la Radio de Brasil. No solo en Estados Unidos y en Latinoamérica, sino también en el propio Brasil que dio a luz las canciones.

La producción fue lanzada por el 2000, y *Alaba a Dios, Himno de victoria, La alegría del Señor, Dios cuidad de mí*, etc., fueron tan aceptadas que forman parte de los repertorios de muchas iglesias en español. Algunos, cuando se enteran de que son canciones brasileñas y que originalmente estaban en portugués, me dicen: "¡Qué portugués ni qué nada! ¡Son en español porque Danny Berríos canta en español!".

Allá por el 2010 recibí un correo electrónico de un periodista deportivo que quiso comunicarse conmigo. Me dijo: "Danny, no sé si sabes quién es el boxeador nicaragüense que apodan "Chocolatito". Fíjate que él acaba de ganar un campeonato mundial en China..."

No tenía ni idea de por qué el periodista me estaba hablando de esto, pero el correo seguía diciendo: "Seguramente te estarás preguntando por qué te estoy hablando de este boxeador, pero tiene que ver contigo. Resulta que Chocolatito, cada vez que sube al ring, lo hace con *Himno de victoria* de fondo".

Había captado mi atención, y estaba bastante sorprendido. Su mensaje terminaba diciendo: "Tengo su número de teléfono por si tienes interés en comunicarte con él y, de este modo, puedan conversar. ¿Te interesa?".

¡Mira como es el Señor! Esa misma semana yo tenía que viajar a un concierto en Nicaragua, así que efectivamente nació en mí el interés por comunicare con el boxeador y conocer el motivo de por qué ponía de fondo mi canción cuando iba a pelear.

Cuando le marqué el teléfono me contestó su representante. "¿Me puede comunicar con Chocolate?", pregunté. "¿Quién desea hablar con él?", me dijo. "Dígale que le llama Danny Berríos", y al instante me lo puso al teléfono.

Cuando lo escuché, le dije: "Chocolate, ¿cómo estás? ¡Dios te bendiga! ¡Te habla Danny Berríos!". Y con un entusiasmo que no puedo describir, respondió: "¿De verdad eres Danny Berríos? ¿Tú eres el que canta *Himno de victoria*?". Tuvimos una charla muy especial. Ahí me contó que entre su gente me llama "El papá de los pollitos", porque, como conoce mi ministerio y que comencé mucho antes que casi todos, me apoda así. También me dijo: "¿Tú sabes que cuando voy a pelear entro con tu canción?". Le dije que sí y que en unos días llegaba a Nicaragua. De inmediato me dijo: "¡Yo te recojo en el aeropuerto!".

Cuando llegué a Nicaragua, Chocolate me fue a recoger con escolta policial, dos motorizados adelante y dos atrás. Es decir, me recogió como si yo fuera el presidente de un país. ¡A lo grande! Me dijo: "A donde tengas que ir, ¡yo te llevo! Todos los días que estés aquí, yo voy a ser tu chofer, ¡no importa dónde, yo te llevo!". Así que por espacio de cuatro días Chocolate me paseó por toda Nicaragua y con escolta policial.

Él es muy querido en el país y según me contaron es el único ciudadano nicaragüense al que se le permite tener luces policiales en el techo de su auto. Por eso, cuando va por la ciudad y las enciende, ¡todo mundo se aparta para dejarlo pasar!

Fue una gran bendición compartir con Chocolate. Me contó que su mamá lo ponía a oír *Himno de victoria* cuando él era adolescente. Desde su primera pelea la usó como su canción lema. Me dijo que desde que está en el boxeo solo había perdido dos peleas, y que sentía que la canción lo inspiraba para pelear; cuando lo entrevistaban los periodistas le solían preguntar: "¿Por qué no buscas una canción nicaragüense para poner de fondo?". Y él simplemente les respondía: "¡No existe ninguna canción que me haya inspirado tanto como esta! ¡Ninguna canción me estimula como lo hace *Himno de victoria!*".

> Puedo decir que Dios me ha acompañado en las buenas y en las malas, en mis éxitos y en mis derrotas, en mis altos y mis bajos. Dios es fiel, siempre fiel.

Esa vez que nos conocimos, también me dijo: "Cuando era más joven yo oraba antes de pelear, y le decía a Dios: ¡Sube conmigo! ¡Pelea conmigo! Tú primero, y luego subo yo". Dice que él imagina que Dios esta con él y que sube antes al ring y, como la canción suena de fondo, cuando le toca subir sabe que Dios está pelando con él.

Chocolate vive la canción, respira la canción, ¡se emociona con la canción! Y su forma de verla también me ha inspirado a mí. Desde entonces, la canto con más fervor al pensar en su vida y su ejemplo.

## UN SER HUMANO COMO TÚ

Puedo decir que Dios me ha acompañado en las buenas y en las malas, en mis éxitos y en mis derrotas, en mis altos y mis bajos. Dios es fiel, siempre fiel. Así que a pesar de tantos años de ministerio y que casi rose los 60 años, aún tengo sueños y metas por alcanzar. Claro, familiares principalmente. Lo he confesado: mi prioridad es mi familia, mi esposa y mis hijos, pero también convertirme en un súper abuelo, que mis nietos me recuerden con cariño cuando haya partido con el Señor.

Musicalmente también tengo algunos sueños que alcanzar: el álbum de música orquestal. ¡Ojalá el Señor me lo conceda!

Siempre he mantenido los mismos géneros musicales que me caracterizaron desde el principio. Una que otra vez los he variado, y cuando lo he hecho, muchas personas me han pedido que no lo haga o, incluso, me han criticado. La verdad es que no he cambiado, el mensaje siempre ha sido el mismo: el mensaje de esperanza del evangelio.

Lamentablemente, hay mucha música cristiana que se está produciendo en la actualidad para entretener. Ya no importa el mensaje que se quiere comunicar, lo que prevalece es el ritmo, los arreglos y lo que emociona a las masas; sin embargo, aunque esos elementos tienen su importancia, nuestro mensaje debe ser bíblico, Cristo-céntrico y apegado a las Escrituras. Es muy probable que mi éxito en la música se deba a que no he intentado reinventarme, sino que he sido fiel a la música y al estilo que me gusta, y a que procuro que las canciones hablen al corazón de la gente.

Conozco interpretes que bajo la idea de reinventarse les dan la espalda al estilo que los ha caracterizado. A veces hasta cambian de mensaje cuando lo que el público realmente necesita es la Palabra de Dios, no música que los entretenga o simplemente los emocione. Algunos van de las baladas al rock, del rock a la salsa y de la salsa al reguetón, con tal de pegar. Y cuando de música cristiana se trata no es cuestión de pegar, sino de transmitir un mensaje que cambie las vidas y ayude a la relación con Dios.

Estoy por cumplir 40 años de servirle al Señor, en la recta final de mi ministerio. Eso me da alguna autoridad para hablar de ciertos temas. Como en este caso, de que no hay que cambiar nuestro mensaje. Debemos permanecer fieles a lo que Dios nos llamó, que es comunicar el evangelio de las buenas noticias a todos los que nos escuchen.

Cuando la gente escucha mi música, desde el primer verso saben que es mía. No solo por mi voz o por mi forma de cantar, sino porque siempre he permanecido fiel a mi estilo. Es más, mis letras no han cambiado de énfasis. Son letras bien elaboradas, que hablan al corazón de las personas y que las motivan y, muchas veces, las confrontan. En la actualidad hay muchas canciones preciosas en la música cristiana, pero si te pones a analizarlas no dicen mucho. Sí, la música y los arreglos impresionantes, pero a veces no dicen nada.

Cada canción tiene su historia y algunas de ellas las he relatado aquí. Cuando canto en vivo suelo relatar algunas como forma de introducirlas. ¿El motivo? Que la gente se identifique conmigo y con las canciones. Espero que se motiven a unirse conmigo a cantar con un mayor entendimiento y fervor. Es importante que las personas sepan que cada una de las canciones que canto, primero me han impactado a mí, antes que a ellos. Vivo lo que canto y canto lo que vivo, y los motivo a que todos hagamos lo mismo.

En una ocasión estuve en la ciudad de Medellín, Colombia, y en el evento que me invitaron había muchos cantantes conocidos. Cuando terminó la actividad, alguien entró a la oficina del pastor y cuando me vio se acercó a mí y me dijo: "Danny, ¡me gustó todo lo que cantaste! Cada canción y cada letra, pero lo que más me gustó es que cantaste como si realmente querías estar con nosotros. Se notaba que no viniste por compromiso o por obligación, sino porque querías estar aquí". Después de decir esto, nos relató que unas semanas antes una cantante cristiana había llegado a la iglesia, pero se le notaba que no quería estar ahí, sino simplemente cantar e irse. Y terminó diciendo: "¡Por eso me gustó lo que hiciste allá arriba! Porque en tu rostro y tu forma de interpretar se nota que amas lo que haces y que lo entregas todo en el escenario".

No canto porque al final me darán una ofrenda o unos honorarios. No voy a un lugar a cantar para que estando allí diga: "¡Quiero largarme de aquí!"

No, canto para Dios, canto para ministrar a la gente. Por eso canto por lo menos una hora en cada lugar, a veces una hora y media y otras hasta dos horas completas. Aunque no lo parezca, me sigo poniendo nervioso cuando subo a ministrar. Aún experimento la tensión y la emoción de saber que voy a pasar al frente. Canto porque el llamado que Dios depositó sobre mi vida es cantar, y cuando me piden que lo haga, me emociona.

Los diez minutos previos para subir, siento ansiedad. Me pongo ansioso porque no sé qué va a pasar. Cuando ya estoy arriba y tomo el micrófono cesa la inquietud. Estoy en mi nicho, en mi salsa, en lo que Dios me llamó a hacer. Así que por eso se me ve tan seguro cuando estoy en la plataforma, porque estoy centrado en lo que debo hacer, cantarle a Dios, motivar a otros a que lo hagan conmigo y dejarle los resultados al Señor.

Dios me ha dado un ministerio, pero no me lo dio para hacer nada, sino para aprovecharlo y brindar un mensaje. Supongo que la gente que está en el público está ahí porque quiso llegar y nadie los obligó, sea cual sea el motivo que los trajo, por cariño, por respeto o porque no hay de otra opción, ellos van a escuchar lo que tengo que decirles. Y debo aprovechar ese espacio para darles una palabra departe de Dios.

También estoy consciente de que algunos llegaron con una pared entre ellos y yo, o simplemente la levantaron al verme subir. Pero cuando canto confío en que el Espíritu Santo va a derribar esas murallas, y los va a tocar y transformar. A veces, incluso, cuando estoy cantando, me detengo y les hablo a todos y pregunto: "¿Por qué están aquí? ¿A qué vinieron? Si vinieron a verme a mí o solo para escucharme cantar, van a salir bastante desilusionados. ¡Soy un simple humano como ustedes! Pero si vinieron a ver a Jesús y a encontrarse con Jesús, ¡ustedes saldrán verdaderamente bendecidos!".

Lo mismo digo al que ha llegado hasta el final de estas historias de mi vida: soy un ser humano como tú. Con un llamado al ministerio, con un don musical especial, con un escenario internacional, con más de 30 álbumes producidos, con más de 250 canciones grabadas y millones de discos vendidos, sí; pero con errores, defectos y fracasos como todos.

No me mires a mí, mira a Jesús a través de mí. Su gracia, su misericordia y su inmensa bondad me han acompañado a lo largo de mi vida y no lo puedo negar. Estoy aquí porque Él ha querido que yo esté. No mires a Danny Berríos en estas páginas, ¡mira a Jesús en Danny Berríos! El mismo Rey que me mandó a llamar, es el mismo Rey que a ti te manda a llamar.

### Himno de victoria ♪
*Él es el Hombre que tuvo poder*
*en andar sobre el mar,*
*¿quién es el que puede hacer el mar callar?*
*Y en el momento que la*
*tempestad te quiera hundir,*

*Él viene con toda autoridad*
*y manda a calmar.*

*Él es el Hombre que tuvo*
*poder de hacer a Israel*
*caminar por entre las aguas del Mar Rojo.*
*Hizo un camino en medio del mar*
*para el pueblo de Israel pasar,*
*al otro lado con sus pies secos pudieron*
*cantar: el himno de victoria.*

*Cuando tú estés frente al mar*
*y lo tengas que atravesar,*
*llama a este Hombre con fe,*
*solo Él abre el mar.*
*Hermano, no tengas temor*
*si detrás viene faraón,*

*al otro lado tú pasarás y allí tú vas*
*a entonar: el himno de victoria.*

*Cada vez que el Mar rojo*
*tú tengas que pasar,*
*llama siempre a ese Hombre*
*que te va a ayudar.*
*En la hora más difícil es cuando Él te ve,*
*llama siempre a ese Hombre*
*que tiene el poder.*
*Si tú pasas por el fuego no te vas a quemar*
*y si pasas por las aguas no te ahogarás.*

*Pasa como Israel que el mar atravesó*
*y en el nombre del Señor, el himno*
*de victoria del otro lado cantó.*

# Comuníquese con
# Danny Berríos y su música

## DannyBerriosOficial
info@dannyberrios.com